旅するレストラン
トラネコボンボンの
お弁当

中西なちお

PHP

はじめに

トラネコボンボンのこと

トラネコボンボンは旅するレストランです。
開店場所は決まっていません。
穀物と野菜を中心に、季節や場所にあわせて
いろんな国の料理店に変わります。
素敵な洋食屋さん、サーカスの売店、市場のお菓子売り、
アフリカ料理店、アジアの屋台、街角のサンドイッチ屋、
ロシアの列車の車内食堂。
旅行に出かけた気分で楽しんでもらえたらと思っています。

お弁当のこと

私の最初のお弁当の思い出は４歳くらい、
２人の姉の遠足の日に、留守番の私が泣いたのか可哀想に思ったのか
母がお弁当を作ってくれて近所の河原でお弁当を食べました。
何が入っていたのかは忘れてしまいましたが、
とても嬉しかったのを覚えています。
母は遠足や運動会や、休日の遊山のたびに、家族分のお弁当を作ってくれました。
どれも楽しい思い出なので、お弁当を作るときは楽しい気持ちになります。
お弁当は、できたての料理とはまたちがったお弁当だけのおいしさがあります。
タクアンで黄色くなったり梅干して赤くなったごはんとか、
しんなりした海苔やフリカケの味とか。
なにより、佃煮とか海苔とか揚げ物とか焼いたものとかいろんな料理が
弁当箱に入って、運ばれたりしながら時間が経って、蓋を開けたときに
全部の料理が一緒になった、お弁当だけのおいしい匂いがします。

お弁当の蓋を開けるときはプレゼントの包みを開けるときみたいです。

お弁当を５０日分作りました。

　春の日の弁当
　山に行くようの弁当
　川に行くようの弁当
　働く人のための弁当
　友人に持たせる弁当
　超手抜き弁当
　夫に渡す弁当
　思い出の弁当
　私の弁当

どのお弁当も誰かのことを考えながら作りました。
蓋を開けたときに、喜んでもらえるとうれしいです。

　　　　　　　　　　　　　　　　　　　　　　　中西なちお

もくじ

はじめに ……… 2
トラネコボンボンのこと／お弁当のこと

この本のきまりごと ……… 8
調味料の分量／トラネコ八方だしのもと／おかかの甘辛／昆布の甘辛／濃いだし／白だし／甘酢／赤酢／すし酢

1　おにぎり弁当 ……… 12
2　いなり寿司弁当 ……… 14
3　日の丸弁当 ……… 16
4　大きいおにぎり弁当 ……… 18
　　大きいおにぎりの作り方 ……… 20
5　わっぱ飯弁当 ……… 22
6　筍弁当 ……… 24

7　菜飯弁当 ……… 26

8　コロッケパン弁当 ……… 28

9　インドの弁当 ……… 30

10　豆ごはん弁当 ……… 32

11　高菜ごはん弁当 ……… 34

12　鮭弁 ……… 36

13　のり弁 ……… 38

14　キムパ弁当 ……… 40

　　キムパ(韓国の海苔巻き)の作り方 ……… 42

15　田舎寿司 ……… 44

　　田舎寿司の作り方 ……… 48

16　笹飯 ……… 46

　　笹飯の作り方 ……… 49

17　黒米弁当 ……… 50

18　サンドイッチ ……… 52

19　ベーグルサンド ……… 54

20　押し寿司 ……… 56

21　生姜ごはん弁当 ……… 58

22　オリーブ弁当 ……… 60

- **23** 焼きおにぎり弁当 ……… 62
- **24** 南の島弁当 ……… 64
- **25** ナポリタン弁当 ……… 66
- **26** 桜おこわ弁当 ……… 68
- **27** ちまき弁当 ……… 70
  - ちまきの作り方 ……… 72
- **28** じゃがパン弁当 ……… 76
- **29** 蕎麦粉ガレットロール ……… 78
- **30** 厚揚げ弁当 ……… 80
- **31** じゃこ飯弁当 ……… 82
- **32** 黄色い弁当 ……… 84
- **33** めはり寿司 ……… 86
- **34** 舞茸ごはん弁当 ……… 88
- **35** 三色巻き弁当 ……… 90
- **36** 蓮の実弁当 ……… 92
- **37** 串カツ弁当 ……… 94
- **38** お花見ちらし ……… 96
- **39** 山菜おこわ弁当 ……… 98
- **40** ジミベン ……… 100

41 ベトナムサンド ……… 102

42 ヒジキごはん弁当 ……… 104

43 アジフライ弁当 ……… 106

44 手鞠寿司 ……… 108

45 朴葉寿司 ……… 110

46 太巻き ……… 112

47 魚飯弁当 ……… 114

48 しおむすび弁当 ……… 116

49 中西家の味弁当 ……… 118

50 私の弁当 ……… 120

弁当箱いろいろ ……… 122
弁当箱

包むものいろいろ ……… 124
食べるものを包む

玄米と塩の話 と おわりに ……… 126
玄米と塩の話／おわりに

この本のきまりごと

《調味料の分量》
●小さじ1／酢・醤油・みりん・水は各5cc／塩4g／砂糖3g／油4g
中さじ1／酢・醤油・みりん・水は各10cc／塩8g／砂糖6g／油8g
大さじ1／酢・醤油・みりん・水は各15cc／塩12g／砂糖9g／油12g

★文中で塩ひとつまみは1g以下の分量／醤油は濃口醤油／砂糖は三温糖　胡椒は全て黒胡椒、ミルで粗挽きにしたもの／油は菜種油を精製した白絞油(しらしめゆ)のこと。

《トラネコ八方だしのもと》
（レシピ文中では、八方だしと表記）
卵焼きの味付け、煮物の味付け、きんぴらの味付けなど使いかたはいろいろで、作り置きしておくと便利です。

●みりん…300cc／醤油…300cc／昆布（薄めのひらひらしたもの）…15g／鰹節…30g
■みりん、醤油、昆布を合わせて3時間ほど置く。
中火でゆっくり沸騰させたところに鰹節を加えてひと煮立ちさせ、粗熱がとれたら布巾でこす。
冷蔵で1週間くらい保存できる。
だしをとった後、残った鰹節や昆布は醤油とみりんを吸って味がしっかりついているので、いずれも少し手を加えておくとごはんの友、おにぎりの具やのり弁の隠し味になる。
また、鰹節のほうは土佐煮に使ったり、胡麻和えに加えたりと重宝する。

《おかかの甘辛》
●八方だしのもとを取り終えた後の鰹節…50g／みりん…大さじ2／胡麻油…中さじ1強
■八方だしを絞りきった後の鰹節にみりん、胡麻油を加えて水分がなくなるまで炒める。

《昆布の甘辛》
●八方だしのもとを取り終えた後の昆布…70g／水…200cc／みりん…大さじ2／醤油…中さじ2
■昆布は好きな大きさに刻んで分量の水、みりん、醤油を加えて弱火で蓋をしてゆっくり煮詰める。あまりかき混ぜないように。
煮詰まってきたら火を止め、蓋を開け、余分な水分を飛ばす。

《濃いだし》（文中では、だしと表記）
水…1ℓ／昆布…20g／鰹節…40g
■分量の水に昆布を3時間以上浸しておき、そのまま中火で加熱。
沸騰したら鰹節を入れてひと煮立ちさせ、2〜3分ほど置いて布巾でこす。
だしはあまり日持ちしないので、冷蔵保存でも2日程度。
2日くらいで使いきる分を作る。
余ったら白だしや甘酢にすると、もう少し長く保存できる。

《白だし》
●だし…200cc／塩…小さじ½／薄口醬油…小さじ1
■だしに塩と薄口醬油を合わせて保存。冷蔵保存で4〜5日。茹で野菜のおひたしや浅漬け、料理の隠し味に使う。

《甘酢》
●だし…100cc／酢…300cc／砂糖…80g／塩…大さじ1
■だし、酢、砂糖、塩を合わせてひと煮立ちさせる。冷蔵保存で2週間。野菜の甘酢浸しや甘酢ダレに使う。

《赤酢》
●酢…100cc／砂糖…大さじ3／塩…小さじ1／紫キャベツ…葉1〜2枚分の千切り
■調味料を全て合わせて、紫キャベツの千切りを漬け込んでおく。
3日もすれば真っ赤な甘酢ができる。紅生姜や茗荷の甘酢漬け、大根や蕪の色付けに使う。
そのまま使うと真っ赤なので、甘酢で薄めて色を調整するとよい。
冷蔵なら3週間は保存可能。

《すし酢》
●酢…大さじ4／砂糖…大さじ2／塩…中さじ1
■酢の半量を柚子やスダチ、カボスなど季節の柑橘類の果汁にかえてもよい。

1 おにぎり弁当

おにぎりは昆布が一番好きです。梅干しが真ん中にある三角のおにぎりも好きです。それから鮭と、ゆかりのシソ巻きの4種類をお弁当に詰めました。他にもおかか、お新香、焼きタラコ、味噌、佃煮を具にしたり、好きなものを組み合わせます。

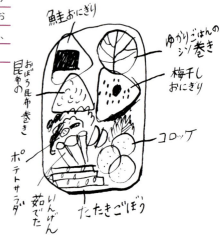

1 コロッケ と 2 ポテトサラダ

●ジャガイモ…中4個（400g）3〜4cm角切り／人参…1/2本（60g）いちょう切り／塩…ひとつまみ
コロッケの具（玉葱…小1個〈80g〉みじん切り／油…小さじ1／塩・胡椒…各適量）
その他のコロッケの材料（小麦粉・卵・パン粉・揚げ油…各適量）
ポテトサラダの具（玉葱…小半分〈40g〉スライス／胡瓜…1本を輪切り／マヨネーズ…大さじ2強／塩・胡椒…各適量）

■コロッケとポテトサラダ用のジャガイモと人参は塩ひとつまみを入れてやわらかく煮たら湯を捨て、鍋を火にかけたままゆすり、粉ふきいもに。熱いうちに木べらでざっくり潰して余分な水分を飛ばし、塩を加えて、よく混ぜておく。
冷めたら1/3程度をポテトサラダ用に、残りをコロッケ用に分ける。
コロッケ用の玉葱は炒めて塩・胡椒をしたら先ほどのジャガイモに混ぜ、好きな大きさに丸める。
小麦粉、溶き卵、パン粉の順に付け、170〜180℃の油で色よく揚げる。
ポテトサラダの具は塩もみして10分ほど置き、水気をよく絞る。残りのジャガイモとマヨネーズを加えて混ぜ、仕上げに塩・胡椒で味を調える。

3 たたきごぼう

●ごぼう…1/3本（60g）／だし（水…100cc／八方だし…大さじ1）／胡麻油…小さじ1／白胡麻…適量

■ごぼうは5cm程度に切り、麺棒で叩き割る。太いものは縦割りにして大きさを揃える。
だしで10分ほど煮てごぼうに火が通ったら煮汁は捨て、胡麻油、白胡麻を加えて水分がなくなるまで炒める。

4 おにぎり4種類（鮭・昆布のおぼろ昆布巻き・ゆかりごはんのシソ巻き・梅干し）

●ごはん1膳半／焼き鮭・焼き海苔・昆布佃煮・おぼろ昆布・ゆかりフリカケ・シソ・カリカリ梅・黒胡麻…各適量

5 その他

■茹でたいんげん、ミニトマトなど好みの野菜を添える。

2 いなり寿司弁当

ごぼうや人参を入れて五目いなりにしましたが、シンプルな酢飯だけ詰まったいなり寿司も好きです。
春は蕗、夏は胡瓜や茗荷を、栗が採れたら栗の実を、タコをもらったらタコを入れてもよいでしょう。

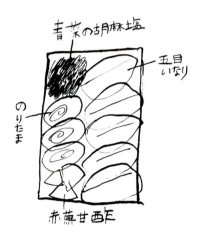

1 五目いなり

● いなりの皮（油揚げ…100g〈いなり用に袋状に切ったもの12〜14枚分〉）／だし（水…450cc／八方だし…大さじ4／砂糖…中さじ1）
いなりの具（ごぼう…¼本〈40g〉ささがき／ヒジキ…大さじ1／人参…⅓本〈40g〉短めの千切り）
■ 油揚げは袋の中を開いてから湯通し、沸騰させただしに加え、蓋をして弱火で10分ほど煮る。
火を止めたらそのまま冷ます。冷めたら油揚げを取り出しよく絞る。
残りのだし汁でいなりの具を炊く、ごぼうに火が通れば火を止め、ざるにあげておく。
● 酢飯（米…2合／水…330cc／すし酢…大さじ3／生姜…大さじ1みじん切り／白胡麻…大さじ1）
■ すし酢に生姜、白胡麻を合わせておく。
米は洗って20分ほど水に浸してから炊き上げ、寿司桶かボウルにあけ、すし酢といなりの具を合わせて粘り気が出ないように手早くさっと混ぜ合わせる。
粗熱がとれたら12〜14等分にして、いなりの形に軽くにぎっておく。
汁気を絞った油揚げに詰める。

2 赤蕪甘酢

● 赤蕪…1個（100g）／塩…ひとつまみ／甘酢…適量
■ 赤蕪はスライスして軽く塩をしたら、甘酢をひたひたにふりかけておく。
2〜3時間ほどで赤が鮮やかになってくる。

3 青菜の胡麻塩

● 青菜…⅓束（ここでは蕪の葉を使用）／白胡麻…小さじ1／塩…適量
■ 青菜は沸騰した湯に根元のほうから入れ、葉の先まで沈めたら取り出し、水でよく冷やす。蕪の葉を使うときは、他の青菜類よりずっとやわらかいので、さっと茹で、手早く取り出し、よく冷やす。水でよく冷やさないと、時間が経つと色が悪くなりやすい。
食べやすい大きさに切り揃え、かたく絞り、白胡麻と塩を和える。

4 のりたま

■ 桜おこわ弁当参照 → p.68

3 日の丸弁当

蓮根に含まれるでんぷん質は、焼くと固まってもちもちした食感になります。蓮根は丁寧にすりおろすと水分が出やすいので、力強くすりおろすのがコツです。ここでは蓮根と厚揚げを使用していますが、厚揚げのかわりにエビや白身魚のすり身を使用してもよいでしょう。厚揚げに水分があるようならほぐした後、布巾で包み、重しをして水抜きします。

1 人参きんぴら

● 人参…小1本（100g）千切り／胡麻油…小さじ1／八方だし…小さじ1／塩…ひとつまみ

■ 千切りした人参に塩ひとつまみをふり、軽く塩もみしたあと中火で炒める。
丁寧に炒めたほうが甘みがましておいしい。
仕上げに八方だしを加え、汁気がなくなるまで炒める。

2 蓮根ハンバーグ

● 蓮根…小1本（130g）／厚揚げ…100g／玉葱…小1個（80g）みじん切り／油…小さじ1／醬油…小さじ1／塩・胡椒…各適量／八方だし…小さじ1

■ 厚揚げは水分の少ない固めのものを選び、フードプロセッサーかすり鉢でよくすり潰す。
蓮根は皮ごとすりおろし、水気が多いようなら軽く水気をきる。
玉葱は強火でさっと炒めて仕上げに醬油を入れ、水分がなくなったら火を止める。
厚揚げと蓮根、炒めた玉葱、塩・胡椒を合わせてよく混ぜ合わせる。
好きな大きさに丸めて両面をゆっくり焼く。
焼き上がるまでは形が崩れやすいので、片方がちゃんと焼けてからひっくり返す。
両面こんがり焼き上がったら仕上げに八方だしを回し入れ、ハンバーグにからませる。

3 揚げ茄子の甘辛

■ じゃこ飯弁当参照 → p.82

4 いんげんきつね巻き

● 油揚げ…長方形のもの1枚／水…100cc／八方だし…大さじ1弱／砂糖…小さじ1弱／いんげん…4〜5本／塩…ひとつまみ

■ いんげんは茹でて水でよく冷やし、水分を拭き取り、塩でもんでおく。
油揚げは2枚に開いて熱湯で湯通しした後、水と調味料を合わせて3〜4分煮る。
煮含めた油揚げが冷めたら汁気をしっかり絞って、いんげんを巻く。
巻くときはぎゅっと、しっかり。巻き上がったものを食べやすい大きさに切る。

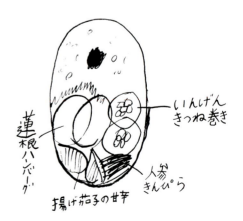

4 大きいおにぎり弁当

大きいおにぎり弁当は、私がすごく忙しく走り回っているときに夫が持たせてくれた弁当です。前の晩の夕食のおかずの残りがいろいろちょっとずつ入った大きな平べったいおにぎりでした。きんぴら、筍、昆布、高菜など少しずついろんな味が出てきたり、混ざりあったりして、あまりにおいしいので交差点で信号待ちしながら御礼の電話をかけました。

イベントや企画の仕事をしていると食事を取る時間がないこともよくあります。大きいおにぎり弁当は作業しながらや移動中、片手でも食べられます。食べていくうちに、きんぴらごぼうが出てきたり、漬け物や佃煮が出てきて、味が混ざりあうのが楽しくておいしいおにぎりです。

1 大きいおにぎり

● 1個分：焼き海苔…1枚／ごはん…1膳分／おにぎりの具いろいろ（蕪の葉一塩・鮭ほぐし身・卵焼き・人参きんぴら・じゃこ山椒・おかかの甘辛・炒りヒジキ・鰹の角煮）…各ほんの一口ずつ。

■蕪の葉一塩（茹でた蕪の葉のみじん切り適量に塩少々）

■鮭ほぐし身／甘塩の塩鮭は焼いたらざっくりほぐし、骨と皮を丁寧に取り除く。

■卵焼き／わっぱ飯弁当参照 → p.22

■人参きんぴら／日の丸弁当参照 → p.16

■じゃこ山椒／鮭弁参照 → p.36

■おかかの甘辛／
この本のきまりごと参照 → p.8

■炒りヒジキ／鮭弁参照 → p.36

■鰹の角煮（鰹…100gを1cm程度の角切り／生姜・水・八方だし・みりん…各大さじ1／醬油…小さじ1）

鰹と調味料を合わせて小鍋で5分ほど落とし蓋（なければクッキングペーパー等で代用）をして煮詰める。

大きいおにぎり
中にいろいろ入っている

4 大きいおにぎりの作り方

ごはんとおかずをサンドイッチするように、端っこまでおかずを並べるのがコツです。
そうすると、食べた一口目から最後の一口までおかずがあっておいしいから。
おかずは汁気のない佃煮やきんぴら、焼き物などを少しずつ。
漬け物や青菜等はかたく水気を絞り、細かく刻んだほうが旨いです。
海苔はおいしい良質の焼き海苔を。

1 焼き海苔を広げる。

2 ごはんを薄く三角形に広げる。

5 海苔で包む。

6 最後に海苔の端を水で湿らせて、くっつける。

3 おかずを端まで並べる。

4 ごはんでうすく蓋をする。

7 三角に形を整える。

8 できあがり。

5 わっぱ飯弁当

わっぱ飯は会津地方の郷土料理です。曲げ輪箱（わっぱ）に、だしで炊いた炊き込みごはん、ごはんの上にいろいろな食材がのっています。木こりが山仕事に持って行くお弁当だったという話を聞きました。それだけで旨そうに思えます。

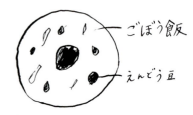

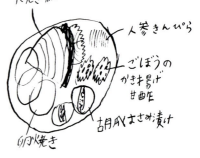

1 ごぼう飯

● 米…1合／ごぼう…¼本（45g）ささがき／えんどう豆…適量／油…小さじ1／水…200cc／八方だし…大さじ2

■ 米は洗って30分ほど水につけておく。ごぼうはよい香りがするまで油で炒め、水と八方だしを加え、ひと煮立ちさせる。
米をざるに上げ、炊くときにごぼうを煮た汁に水を加えて（炊飯器のメモリまで）、ごぼうも加えて炊く。
仕上げに茹でたえんどう豆をちらす。

2 胡瓜はさみ漬け

● 胡瓜…1本を縦2つ割り／蕪・人参…各⅓個（30g）千切り／塩…適量／白だし…適量

■ 胡瓜は塩でもみ、千切り野菜も塩でもむ。胡瓜に千切り野菜をはさみ、白だしをひたひたになる程度に加えて一晩漬け込んでおく。お弁当に入れるときはかたく絞って水気をきり、好みの大きさに切る。

3 ごぼうのかき揚げ甘酢

● きんぴらごぼう…60g（菜飯弁当参照→p.26）／蕎麦粉・水…各大さじ3／揚げ油…適量／甘酢ダレ（水…大さじ1／甘酢・八方だし…各大さじ1／黒胡麻…小さじ1／砂糖…小さじ½／胡麻油…少々）

■ 蕎麦粉と水、きんぴらごぼうをよく混ぜ、食べやすい大きさずつ、170℃程度の油で揚げる。
甘酢ダレを小鍋で煮詰めたところに、ごぼうのかき揚げを加え、からめる。

4 卵焼き

● 卵…2個／八方だし…小さじ2／塩…ほんの少し／油…少々

■ 卵に八方だしと塩を加え、よく混ぜる。フライパンをよく熱してから油をひき、卵を入れ、焼き始めたら弱火。焼き上がったら余熱で中まで火をちゃんと通す。
粗熱がとれるまで、表面が乾かないよう濡れ布巾をかけておく。

5 人参きんぴら

■ 日の丸弁当参照→p.16

6 その他

■ 焼き鮭など

6 筍弁当

郷里の高知では筍の季節になるとあちこちから筍をいただきます。
掘りたての筍は産毛に包まれ生き生きとしていて小さいイノシシみたいです。

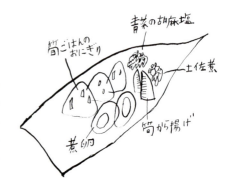

《筍の下ごしらえ／水煮》

■筍はできるだけ新鮮なうちにアク抜きをする。泥を洗い落としたら外皮を何枚かはずし、穂先を斜めに切り落とす。
深さ3分目ほど縦に切り込みを入れ、筍がかぶるくらいの水、米ぬか一握りと一緒に煮る。大きさや鮮度に合わせて煮る時間は変わる。小さく新しいものは20分程度。大きなものは1時間ほど。
根元のかたい所に竹串を刺し、すっと通ればよい。
火を止め、そのまま2～3時間置く。あとは皮をむき、好みに調理する。
冷蔵保存は水に沈めた状態にして2～3日。含め煮にしておいたほうが保存が利く。

《筍含め煮》

●筍水煮…230～250g／水…200cc／八方だし…大さじ1／砂糖…小さじ1／昆布…5g／塩…ひとつまみ
■分量の水と調味料、昆布、筍水煮を入れ、蓋をして15分ほど煮て小1時間寝かせて味をしみ込ませる。

1 筍ごはん

●筍含め煮…100gを小さめの短冊切り／米…2合／水…315cc／八方だし…大さじ3
■米は水洗いしてから30分ほど水に浸しておき、八方だしを加えて炊く。炊きあがったら筍を加えて、さっくり混ぜ合わせる。

2 筍から揚げ

●筍含め煮…70g／ニンニク・生姜…各少々すりおろし／醤油…小さじ1／片栗粉・揚げ油…各適量
■筍は好みの大きさに切り、ニンニク、生姜、醤油を加え、よくなじませたら片栗粉をまぶして170～180℃程度の油で色よく揚げる。

3 土佐煮

●蒟蒻…40g 一口大にちぎる／水…150cc／八方だし…小さじ1／筍含め煮…40g 一口大の乱切り／胡麻油…小さじ1／おかかの甘辛…大さじ山盛り2（この本のきまりごと参照→p.8）
■蒟蒻は一度茹でこぼし、水と八方だしで煮含めておく。蒟蒻と筍を胡麻油で炒め、仕上げにおかかの甘辛をまぶして仕上げる。

4 煮卵

■アジフライ弁当参照→p.106

5 青菜の胡麻塩

■いなり寿司弁当参照→p.14
ここでは菜の花1把を使用。

7 菜飯弁当

菜飯の菜っぱは、蕪の葉か、大根の貫菜が良いです。貫菜は「ぬきな」といって根が大きくなる前の大根を間引いたものです。小松菜程度の大きさに育ったものが束になって売られています。

1 菜飯
- 米…1合／水…180cc／青菜（蕪か大根の貫菜など）…1/3把／塩…ひとつまみ
- やわらかい青菜は茹でたら水でよく冷やし、かたく水気を絞り、みじん切りにし、塩ひとつまみを混ぜておく。

分量の水を加えて、炊きあがったごはんの粗熱がとれたら、みじん切り青菜を混ぜ込む。

2 きんぴらごぼう
- ごぼう…1本（200g）千切り／胡麻油…小さじ1／水…100cc／八方だし…大さじ1
- ごぼうは胡麻油で炒め、水分がなくなり、よい香りがし始めたら水、八方だしを加え、蓋をして5分ほど弱火で加熱。

蓋を取り、水分がなくなるまで炒める。

3 蓮根ボール
蓮根ボールの材料は蓮根ハンバーグと同じ・日の丸弁当参照 → p.16
- 蓮根ボールのケチャップソース（水…50cc／八方だし…大さじ1弱／砂糖…小さじ1／ケチャップ…中さじ2／片栗粉…小さじ1/2）／揚げ油…適量
- 蓮根ハンバーグの作り方と同じように下ごしらえしたものを4cmほどのボールにまとめたら170〜180℃の油で素揚げする。

ケチャップソースの材料を全て合わせたら小鍋で煮立たせ、煮詰まってきたら蓮根ボールを加えてソースをからめる。

4 椎茸コロッケ
- 椎茸…4個／コロッケの具…適量（おにぎり弁当参照 → p.12）／小麦粉・卵・パン粉・揚げ油…各適量
- 椎茸とコロッケの具を貼り合わせるようにまとめて丸めたら、小麦粉、溶き卵、パン粉の順に付け、170〜180℃の油で色よく揚げる。

5 蕪の柚子酢
- じゃがパン弁当参照 → p.76

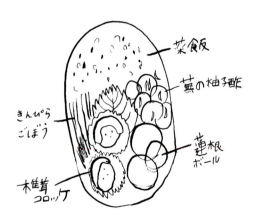

8 コロッケパン弁当

思い出のコロッケパンはお花見の席で友人が作ってきたコロッケパン。
大きなパンにはさまれていたのは、これまた大きなコロッケでした。
他には何にもはさまれていません。横にクレソンの束。
どんなコロッケパンを作っても、あの日のコロッケパンには勝てません。

1 コロッケパン
● 丸いお好みのバンズ3つか、小さなじゃがパンを3つ焼く→じゃがパン弁当参照 →p.76
好みの野菜…各適量（写真はサニーレタス・クレソン・セルフィーユ・ボウフウ・チコリ）／マカロニコロッケ…3個
■ パンに切り込みを入れ好みの野菜とコロッケをはさむ。

2 マカロニコロッケ
● 直径8cmくらいのコロッケ3個分：ジャガイモ…中2個（170g）／マカロニ…30g／マッシュルーム…4個（50g）／玉葱…小½個（50g）／バター…中さじ1／クリームチーズ…30g／塩…小さじ½／胡椒…適量／小麦粉・卵・パン粉・揚げ油…各適量／トンカツソース・ケチャップ…各適量

■ ジャガイモは茹でて潰し、クリームチーズを加えて混ぜる。
マカロニは茹でて、ざるに上げておく。
マッシュルーム、玉葱はみじん切りにし、バター、塩、胡椒で炒めてジャガイモに加えて混ぜる。
マカロニを加えてさっくり混ぜ合わせたら、冷蔵庫で冷やす。温かいとやわらかく形成しにくい。
よく冷えたら、3等分して簡単にまとめる。
マカロニがぴょんぴょん飛びだしたまま、好みのパンの形に合わせて平たく形成。
小麦粉、溶き卵、パン粉の順に付け、170～180℃の油で色よく揚げる。
トンカツソースとケチャップを同量混ぜたものを適量コロッケにつける。

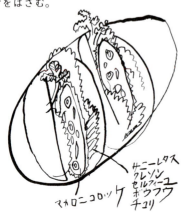

9 インドの弁当

インド料理にはそれぞれに合う香辛料があり、豆のサラダ「チャナ・チャトパタ」にはチャットマサラがあるように、インド風炊き込みごはん「ビリヤニ」にも、炒め料理「サブジ」にもより良い香辛料を組み合わせるのですが、香辛料をたくさん揃えるのも大変なので簡単にガラムマサラで作りました。

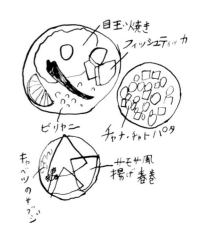

1 ビリヤニ

- 玉葱…小1個(80g)みじん切り／パプリカ…1個粗いみじん切り／オリーブ油…大さじ1弱／塩…小さじ1
- ビリヤニに入れる玉葱とパプリカはオリーブ油と塩でさっと炒めておく。
- 玄米…2合／水…180cc／ココナッツミルク…180cc／塩…小さじ1／ローリエ…2枚／バター…大さじ1弱／ガラムマサラ…小さじ1／卵…1個／塩・油…各適量／青唐辛子・レモン…各適量
- 卵はほんのひと塩をふってから目玉焼きにする。玄米を洗ったら、圧力鍋に青唐辛子・レモン以外の全てを入れて強火にかける。沸騰したらごく弱火にして25分。火を止めて圧力が完全に下がってから、さっくり混ぜる。炊きあがった玄米に炒めた野菜を加え、さっくり混ぜ合わせる。仕上げに塩で味を調える。仕上がったビリヤニに目玉焼き、青唐辛子、レモンを添える。

2 フィッシュティッカ

- カジキマグロ…一口大に切ったものを100g／ヨーグルト…大さじ2／ガラムマサラ…小さじ½／砂糖…小さじ1弱／塩…小さじ½／オリーブ油…小さじ1
- カジキマグロ以外を混ぜ合わせたら、2時間ほどカジキマグロを漬け込み、魚用焼き網かフライパンで色よく焼く。

3 サモサ風揚げ春巻

- 春巻の皮…4枚／揚げ油…適量 ジャガイモ…2個(250g)1cmの角切り／玉葱…1個(120g)みじん切り／ガラムマサラ…小さじ1／塩…小さじ1／オリーブ油…大さじ1弱／水…大さじ2
- 春巻の具の材料を全て小鍋に入れ、中火で蒸し焼きにする。ジャガイモに火が通り水分が飛んだら粗熱をとり4等分する。春巻の皮で巻き、揚げる。

4 キャベツのサブジ

- キャベツ…2～3枚(150g)ざく切り／玉葱…中½個(50g)みじん切り／ガラムマサラ…小さじ½／塩…2g／オリーブ油…小さじ½
- 玉葱をオリーブ油でさっと炒めてガラムマサラ、キャベツを加えたら塩で味を調える。キャベツを入れたら10秒で火を止める。

5 チャナ・チャトパタ

- 茹でたヒヨコ豆…100g／トマト…½(100g)角切り／玉葱…¼(30g)みじん切り／ガラムマサラ…小さじ½／レモンの絞り汁…大さじ1／塩…小さじ½／香菜・青唐辛子…各適量
- 全てをざっくり合わせたら、好みで香菜のざく切り、青唐辛子のみじん切りを加える。

10 豆ごはん弁当

豆はあまり好きではないのに玄米の豆ごはんは大好きです。大豆でも小豆でも金時豆でも炊き方は同じです。玄米に豆を加えた分量と同量の水に塩少々を加えて炊きます。
圧力鍋は日本製の「平和」という鍋を使っています。

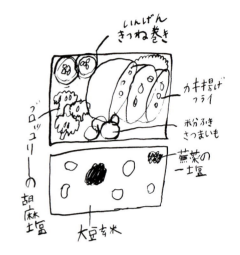

1 大豆玄米
● 玄米…2合／大豆…大さじ2／塩…ひとつまみ／水…390cc（玄米＋大豆の同量）
■ 玄米と大豆はざっと洗い、ざるで水気をきり、同量の水、塩を加えて圧力鍋で炊く。
強火で加熱、沸騰して圧力鍋のおもりが勢いよくシュッシュと音を立て始めたら、ごく弱火にして25分。火を止めて圧力が完全に下がるまで放置。
きちんと圧力が下がったことを確認したら蓋を開け、軽く混ぜておく。
混ぜないと余分な水分が回り、仕上がりが水っぽくなってしまう。

2 かき揚げフライ
● エビ・葱・しめじ…各20g／蕎麦粉・水…各大さじ2／塩…2g／パン粉・揚げ油…各適量／ウスターソース…適量
■ エビとしめじは1cmほどに切る、葱は小口切り。蕎麦粉、水、塩を合わせ、よく混ぜる。パン粉の上に蕎麦粉と合わせた具材を3等分に落とし、パン粉で包みながら平たい丸形に形成する。
170～180℃の油で色よく揚げる。揚げたてにウスターソースを適量かけておく。

3 粉ふきさつまいも
● さつまいも…1/2本（100g）／塩…適量
■ さつまいもは皮をむき2～3cmの角切り、水にさらして一度茹でこぼす。
再びやわらかくなるまで水から煮たら湯を捨て、鍋を火にかけたままゆすり、粉ふきいもに。塩で味を調える。

4 ブロッコリーの胡麻塩
● ブロッコリー…1/3株（100g）／白胡麻…小さじ1／塩…小さじ1/2
■ ブロッコリーは一口大に切り、茹でたら水でよく冷やす。水気をきったら塩をよくなじませ、白胡麻をふる。

5 蕪菜の一塩
茹でた蕪の葉のみじん切り適量に塩をふる。

6 いんげんきつね巻き
■ 日の丸弁当参照 → p.16
ここではいんげんとアスパラガスを使用。

11 高菜ごはん弁当

ごはんのうえに高菜炒めと錦糸卵をたっぷりのせます。高菜は古漬けを使います。酸味や塩が強いものもあるので、刻んでから水にさらして酸味と塩を抜いてから調理します。ほどよい酸味が残るくらいがおいしいので、味見しながら加減してください。

1 高菜炒め
● 高菜…200g／胡麻油…中さじ1／八方だし…大さじ1／唐辛子…適量
■ 高菜はみじん切りにして、水で30分ほど塩抜きする。
水気をよく絞ったら、強火で炒める。仕上げに八方だし、唐辛子を加えて水分を飛ばす。

2 人参明太
● 人参…中1本（200g）千切り／油…中さじ1／塩…2g／明太子…1切れ（35g）輪切り
■ 千切りした人参に塩をふりかけ、軽くもんでおく。
しんなりしてきたら中火で炒め、仕上げに明太子を入れ、人参と明太子をよく混ぜながら明太子に火を通す。

3 鰯の胡麻炊き
● 鰯…3〜4尾／水…150cc／砂糖…大さじ1½／八方だし…大さじ2／醤油…中さじ1／白胡麻…大さじ3／茹でアスパラガス・シソ・サニーレタス…各適量
■ 鰯は頭と尾を切り落とし、3等分に輪切り。内臓を除いて洗い流したら、ざるに上げておく。水、砂糖、八方だし、醤油を煮立たせたところに鰯を加え、沸騰したら落とし蓋をして弱火で20分。魚の裏表を返して、さらに10分ほど煮詰める。
煮詰まってきた頃に白胡麻を全体にまぶすように加え、火を止める。
茹でアスパラガス・シソ・サニーレタスを添える。

4 錦糸卵
● 卵…1個／八方だし…小さじ1／油…少々
■ 卵は白身が残らないようよく混ぜて八方だしで味付けし、薄焼きにして千切りにする。

5 胡瓜はさみ漬け
■ わっぱ飯弁当参照 → p.22

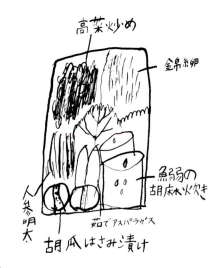

12 鮭弁

焼き鮭と焼き明太子、タクアンとカリカリ梅、塩昆布。
こういうのを持って川に釣りに出かけたい。
熱いお茶があれば、お茶漬けにもなります。
いろいろな味がごはんに移っているのが醍醐味。

1 焼き鮭
- 塩鮭…1切れ
- ほどよく焼く。

2 炒りヒジキ
- ヒジキ…20g（水で戻した後90g）／オリーブ油…小さじ2／醤油…大さじ軽く1／水…60cc
- 戻したヒジキは茹でこぼし、ざるに上げる。オリーブ油でヒジキを2〜3分炒めたら、水、醤油を加え、蓋をして4〜5分。蓋をはずして水分がなくなるまで炒める。作り置きしておくと、ヒジキごはんにしたり、サラダに混ぜたり、きんぴらに混ぜたりと重宝する。

3 じゃこ山椒
- ちりめんじゃこ…100g／山椒水煮…30g／水…大さじ2／みりん…大さじ2／薄口醤油…大さじ½
- ちりめんじゃこ、山椒、水、みりん、薄口醤油を鍋に入れて落とし蓋をして弱火で煮詰める。ちりめんじゃこはなるべく甘塩のものがよい。

4 ごぼうと人参の甘辛
- のり弁参照 → p.38

5 その他
- 焼き明太子・タクアン・カリカリ梅・昆布の甘辛（この本のきまりごと参照 → p.8）など

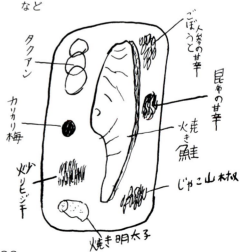

13 のり弁

中学生のとき、学校の近くのお弁当屋さんで一番安いお弁当がのり弁で 260 円でした。お弁当の蓋が閉まらないくらい大きな白身魚のフライにチクワの磯辺揚げ、ピンクの大根、魚の形のソース入れにウスターソース、海苔の下には、おかかの甘辛が敷かれていました。そのときの、のり弁を作ってみました。当時はどうでもよかったごぼうと人参の甘辛も。

1 白身魚のフライ

● 白身魚…1切れ／塩・胡椒…各適量／小麦粉・卵・パン粉・揚げ油…各適量／ソース…適量

■ 白身魚に軽く塩・胡椒をして小麦粉、溶き卵、パン粉の順に付けたら 170～180℃の油で色よく揚げる。仕上げに好みでソースをかける。

2 チクワの磯辺揚げ

● チクワ…1本／小麦粉…大さじ1／水…大さじ1½／片栗粉…小さじ1／塩…ひとつまみ／青のり…小さじ1／揚げ油…適量

■ 水、小麦粉、片栗粉、塩、青のりをよく混ぜた衣にチクワをくぐらせ、170～180℃の油で色よく揚げる。

3 ごぼうと人参の甘辛

● ごぼう…½本（90g）ささがき／人参…½（45g）ささがき／油…大さじ1／砂糖…中さじ1／八方だし…大さじ1⅓／水…100cc

■ ごぼうを油で炒め、いい香りがしてきたら水、砂糖、八方だしを加えてひと煮立ちさせ、人参を加えて水分がなくなるまで炒り煮する。

4 おかかの甘辛

■ この本のきまりごと参照 → p.8

5 赤蕪甘酢（ピンクの大根のかわり）

■ いなり寿司弁当参照 → p.14

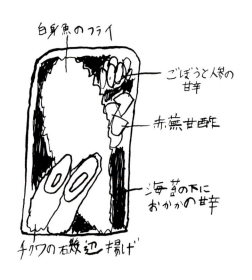

14 キムパ弁当

キムパは韓国の海苔巻きです。日本の海苔巻きとちがって酢飯ではなく胡麻油と塩味で仕上げています。山菜や野菜のナムル、キムチ、タクアン、卵焼き、生野菜が巻かれています。韓国の街で売られているのを見ると、屋台で食べられるタクアンと胡麻だけのシンプルなものから、ナッツや魚介や肉味噌など、いろいろ入った色鮮やかなおしゃれキムパまであります。

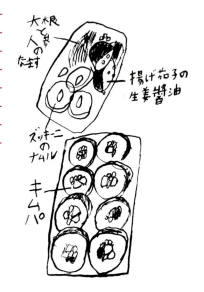

1 キムパ
●2本分：玄米ごはん、黒米ごはん…各軽く1膳／海苔…2枚／白胡麻…大さじ½／松の実…大さじ½／胡麻油…適量／塩…適量 人参きんぴら（日の丸弁当参照→p.16）…適量／きんぴらごぼう（菜飯弁当参照→p.26）…適量／レタス…1枚幅3㎝程度、縦長に切る／油揚げ…½枚縦長に切る／だし（水…50cc／八方だし…大さじ½／砂糖…小さじ½）／胡瓜…1本千切り／シソ…4枚半分に切る／茹でいんげん…4本
■油揚げはだしでさっと煮て、汁気をしっかり絞っておく。
焼き海苔1枚にごはん1膳分を薄く均一に広げる。
レタス、人参きんぴら、きんぴらごぼう、油揚げ、胡瓜、いんげん、シソ、白胡麻、松の実を重ねてしっかり巻く。
キムパを巻いたら胡麻油を薄く塗り、塩をパラパラ、ほんの少しだけまぶす。

2 ズッキーニのナムル
●ズッキーニ…1本／塩…ひとつまみ／胡麻油…小さじ1／松の実…小さじ1
■ズッキーニは5㎜ほどの厚さの輪切りにし、塩もみして余分な水分は絞る。
ズッキーニに塩、胡麻油、松の実をよく和える。

3 揚げ茄子の生姜醬油
●茄子…1本／生姜醬油（生姜…大さじ1みじん切り／八方だし…大さじ1／砂糖…小さじ1／酢…小さじ1）／揚げ油…適量
■生姜醬油の材料を合わせておく。
茄子は好きな大きさに切り、皮のほうに切り込みを入れ、180℃の油で揚げたら生姜醬油を適量からめる。

4 大根と人参のなます
●大根…1/10本（100g）千切り／人参…⅓本（40g）千切り／塩…小さじ½／甘酢…大さじ2
■大根と人参に塩をして軽くもんで、甘酢をふりかけてなじませる。

14 キムパ（韓国の海苔巻き）の作り方

我が家のキムパには必ずきんぴらごぼうと人参きんぴらが入ります。甘辛く歯ごたえのあるきんぴらと、野菜の取り合わせがおいしいです。
きんぴらがなくても、季節のもの、菜の花や山菜やほうれん草のナムル、茹でたエビやアスパラガス、卵焼きなど好きなものを入れたらいいと思います。

1 胡麻油、塩、菜もの、きんぴらなど、巻きたい素材を用意する。

2 海苔1枚に、ノリしろを残して1膳分弱のごはんをまんべんなく広げる。

5 海苔の端を水で湿らして開かないように巻く。

6 巻き上がり。

3 菜もの、きんぴら、いんげんなどの具を重ねる。

4 手前から、具の山が崩れないように、具を引き寄せながら巻く。

7 手のひらに胡麻油をのばす。

8 巻き上がったキムパに胡麻油を薄く塗る。仕上げに塩をパラパラ、ほんの少しだけまぶす。

15 田舎寿司

田舎寿司は高知の郷土料理。海が近い町は魚を使いますが、山のほうでは野菜のお寿司を作ります。ハチクという小さな筍に酢飯を詰めて輪切りにしたもの、茗荷の酢漬け、干し椎茸の甘煮に酢飯を詰めたもの、蒟蒻も袋にこしらえて甘辛く炊きます。ここでは蒟蒻と蕪のお寿司の2種類を作りました。

1 田舎寿司

- 酢飯…2膳分くらい（米…1合／水…170cc／昆布…2～3g／すし酢…大さじ2／生姜…小さじ1みじん切り／白胡麻…小さじ1）
- ■すし酢に生姜、白胡麻を加えておく。

米は洗ったら、昆布を入れて20分ほど水に浸して炊飯。炊きあがりにすし酢を回し入れ混ぜておく。

- 蒟蒻…⅓丁／だし（水…150cc／八方だし…大さじ2／砂糖…小さじ1）／蕪…½個／赤酢…適量
- ■蒟蒻は5mm程度に切り、切り込みを入れ袋状にしてから一度茹でこぼし、分量のだしで15分ほど煮て、そのまま1時間ほど置いて味をなじませる。

蕪は皮をむき、3～4mmの半月切りにして、切り込みを入れ、袋状にしてからひたひたの赤酢につけておく。
蒟蒻、蕪は水気をよくきる。
酢飯をにぎり寿司程度ににぎっておき、蒟蒻、蕪の切り込みに入れる。

2 菜の花、蕪、芽キャベツのおひたし

- 菜の花…4～5本／蕪…1個をくし切り／芽キャベツ…3～4個を縦半分切り／白だし…適量
- ■菜の花、蕪、芽キャベツはさっと茹で、水でよく冷やす。

冷えたら水気を拭き取り、ひたひたの白だしに1時間～一晩漬けておく。

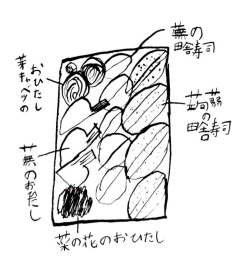

16 笹飯

熊笹に百合根入りの鯛飯を包んでいます。
笹の香りが移っておいしくなります。
翌日以降は、笹巻きのまま蒸すかトースターで焼くと
またおいしいです。

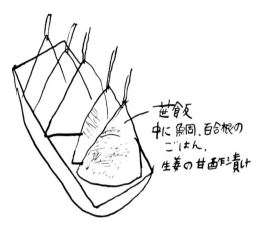

笹飯
中に 魚鯛、百合根の
ごはん、
生姜の甘酢漬け

1 笹飯

● 熊笹…10枚／米…2合／水…150cc／八方だし…大さじ3／塩…2g／鯛切り身…2切れ（130g）／百合根…½個

■ 米は洗ったら30分ほど水に浸しておく。
水と八方だしを煮立たせ、鯛と百合根に火を通す。
鯛と百合根はざるに取り、残った煮汁に水を加えて（炊飯器メモリまで）米を炊く。
炊きあがり前に鯛、百合根を加えて蒸らし、炊きあがったらさっくり混ぜ、塩で味を調える。
10等分のおにぎりにして生姜の甘酢漬けをのせ、熊笹で巻く。

《生姜の甘酢漬け》

● 生姜…20g／甘酢…大さじ2

■ 生姜はなるべく細い千切りにしたら、甘酢に漬けて保存する。繊維に沿って縦切りのほうが歯ごたえが良い。
冷蔵で1週間から10日は保存可能。

15 田舎寿司の作り方

蕪の大きさや蒟蒻の大きさに合わせて、あらかじめ酢飯を握っておきます。
小さいいなり寿司を作る要領で詰めます。

《蕪寿司の詰め方》

1 袋状にこしらえた大根に、にぎり寿司程度の大きさに握った酢飯を詰める。

2 酢飯を詰めて形を整える。

《蒟蒻寿司のつめ方》

1 袋状にこしらえて煮た蒟蒻に、軽く握った酢飯を詰める。

2 酢飯を詰めて形を整える。

16 笹飯の作り方

熊笹は枝の付いているもの、付いていないものが売られています。
枝付きの笹で巻くほうがほどけにくく、形を整えやすいです。

1 笹の葉は葉先のほうから丸めて三角錐状にする。

2 軽くにぎった飯を入れる。

3 笹の茎を三角錐の頭に通す。

4 ひっぱって三角形に整える。

17　黒米弁当

黒米に合わせて魚も黒胡麻の衣で揚げました。香ばしくておいしいです。
紫キャベツは切ったらすぐにレモンの絞り汁か、なければ酢をかけて混ぜておくと鮮やかな色に仕上がります。

1　黒米ごはん
- 米と黒米を合わせて1合（白米…120g／黒米…30g）
- 黒米は、白米より炊き上がりが硬いので、一晩水に漬けておくか、炊く前にひと煮立ちさせる。漬け水もしくは煮汁に水を加えて（炊飯器のメモリまで）、炊く。

2　白身魚の黒胡麻揚げ
- 白身魚…2切れ／塩・胡椒…各適量／小麦粉・卵・黒胡麻・揚げ油…各適量
- 白身魚に塩・胡椒して小麦粉、溶き卵、黒胡麻の順に付けて170〜180℃の油で揚げる。

3　大根／茗荷の赤酢漬け
- 大根・茗荷・赤酢を各適量
- 大根は薄いいちょう切り、茗荷は縦半分に切り、ひたひたの赤酢に一晩くらい漬け込んでおく。
冷蔵庫で3週間ほど保存できるので、まとめて作っておく。

4　紫キャベツのコールスロー
- 紫キャベツ…3〜4枚（150g）千切り／塩…小さじ1/2／レモンの絞り汁…小さじ1/2／オリーブ油…小さじ1／砂糖…小さじ1弱／粒マスタード…小さじ1
- 紫キャベツは千切りにしたらレモンの絞り汁をすぐにふりかけて混ぜ合わせ、その他の調味料、香辛料全てを加えて混ぜておく。

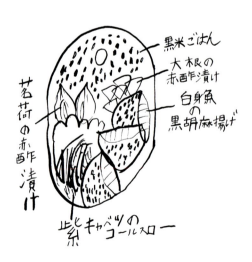

18 サンドイッチ

車麩のフライでサンドイッチを作ってみました。おいしそうだけど地味になりました。皆さんはトマトとか卵焼きとか、赤や黄色いものを入れて可愛らしく仕上げてください。

1 サンドイッチ

● 車麩を下ごしらえしたもの…2枚／胡椒…少々／小麦粉・卵・パン粉・揚げ油…各適量 ソース…適量／サンドイッチ用パン…4枚／レタス…4〜5枚／胡瓜…1本をスライス／茹でブロッコリー…2個／塩…適量

■ 下ごしらえをした車麩に胡椒、小麦粉、溶き卵、パン粉の順に付け、170〜180℃の油で色よく揚げる。
揚げた車麩に好みのソースをかける。
パン、レタス、胡瓜のスライス、車麩、(車麩の真ん中があくので) ブロッコリーを詰め、塩をほんの少しパラパラふりかけて重ねたら、パンがつぶれない程度に軽く押して好みの大きさにカットする。

《車麩の下ごしらえ》

● 車麩…2枚／水…250cc／八方だし…大さじ2〜3

■ 車麩はたっぷりの水で戻したら、形を崩さないように絞って水気をきる。
分量の水と八方だしを煮立たせ、車麩を4〜5分煮て、ざるに上げる。
冷めたら余分な水分を絞って、から揚げやフライ等、好みの調理をする。

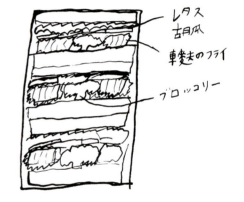

レタス
胡瓜
車麩のフライ
ブロッコリー

19 ベーグルサンド

ベーグルは一度蒸してから使うと、数時間はもちもちしておいしいです。
野菜はできるだけいっぱいはさみ込みます。そうするとおいしいだけでなく、切ったときも美しいから。

1 ベーグルサンド
- ベーグル…2個／かぼちゃサラダ・紫キャベツのコールスロー・紅芋サラダ・キャロットラペ…各適量／トレビス…2枚
- ベーグルは一度蒸して冷ましておく。半分にスライスする。
トレビス、紅芋サラダ、キャロットラペ、紫キャベツのコールスロー、かぼちゃサラダを重ね、パンを潰さないように軽く押さえてワックスペーパーで包む。
食べやすいように半分に切る。

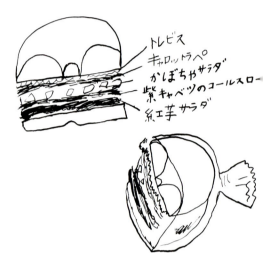

《かぼちゃサラダ》
- かぼちゃ…1/6玉(100g)／塩・胡椒…各少々／油…小さじ1／マヨネーズ…大さじ1 1/2
- かぼちゃは1cmの角切りにして塩・胡椒・油を加えて混ぜあわせて、170℃のオーブンで15分ほど焼く。
冷えたらマヨネーズを混ぜる。

《紅芋サラダ》
- 紅芋…1/2本(100g)／塩…適量／マヨネーズ…大さじ1 1/2／胡椒…少々
- 紅芋は竹串がすっと通るまで皮ごと蒸す。
熱いうちに皮を取り、潰して余分な水分を飛ばす。
冷めたら潰した紅芋に塩、胡椒、マヨネーズを混ぜる。

《キャロットラペ》
- 人参…小1本(100g)千切り／塩…小さじ1/2／オリーブ油…中さじ1／レモンの絞り汁…小さじ1/2／胡椒・クミン…各適量
- 千切りした人参に調味料、香辛料を合わせて混ぜる。

《紫キャベツのコールスロー》
- 赤い弁当参照 → p.50

20 押し寿司

富山のお土産の押し寿司をいただいたことがあります。海苔と白身魚のそぼろと酢飯がぎゅっと詰まっていて、ずっしり重たい押し寿司です。大きな重石を1時間ぐらいのせておくのだそうです。

1 押し寿司
● 酢飯…1膳半くらい（田舎寿司参照→p.44）卵…1個／八方だし…小さじ1／油…小さじ1弱／胡瓜…1本をスライス／赤蕪…1/2個をスライス／人参…1/3本をスライス／塩…ひとつまみ／バッテラ用昆布…2〜3枚／甘酢…適量／シソ…4〜5枚／スダチ…適量
■ 卵1個は八方だしとよく混ぜ薄焼き卵にする。
バッテラ用の昆布は甘酢でさっと煮る。
スライスした野菜は、塩ひとつまみでしんなりさせてから水気を取る。
手で絞ると形が崩れるので、押さえて布巾で水気を取り除く。
胡瓜はそのまま、赤蕪や人参はさらに甘酢を適量ふりかけて10分ほど置いておき、余分な水気を取る。
適当な大きさの弁当箱にラップをかけ、最初に薄焼き卵を敷いたら酢飯を薄く広げ、胡瓜、シソを重ね、また酢飯を薄く広げて赤蕪、人参、バッテラ用昆布の順に重ねて、上から重石をして30分ほど寝かせる。食べやすい大きさに切り分ける。仕上げにスダチを添える。

2 葱たま
■ 舞茸ごはん弁当参照 → p.88

3 茹でスナップエンドウの一塩
● スナップエンドウ…4〜5本／塩…ひとつまみ
■ スナップエンドウはヘタとスジを取り、熱湯でさっと茹で、水でよく冷やす。
開いて、塩ひとつまみをよくすり込んでおく。

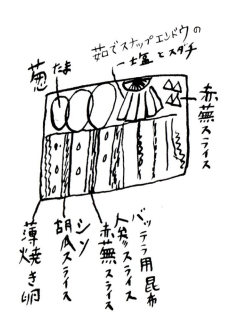

21 生姜ごはん弁当

炊きたてのごはんにさっと炒めた生姜と胡椒を混ぜるだけですが、とてもおいしいです。
好みで生姜の量を増やしてください。新生姜の季節は、新生姜で作ります。車麩はカリカリになるまでよく揚げることがコツです。

1 生姜ごはん
● 米…1合／水…180cc／生姜…大さじ2 みじん切り／油…小さじ1／醬油…小さじ1／胡椒…適量／スダチ…適量／タクアン…適量
■ 生姜は強火でさっと炒めて醬油で香ばしく仕上げる。分量の水を加えて炊きあがったごはんに、炒めた生姜と胡椒を加えて、さっくり混ぜ合わせる。
仕上げにスダチの皮の細切りをちらす。
千切りタクアンを添える。

2 車麩のから揚げ
● 車麩を下ごしらえしたもの…1枚（サンドイッチ参照 → p.52）／ニンニク…少々すりおろし／醬油…小さじ1／片栗粉・揚げ油…各適量
■ 車麩は一口大に切り、ニンニクと醬油で下味をつけたら、片栗粉をまぶして170～180℃の油で色よく揚げる。

3 アラメのきんぴら
● アラメ…細切りタイプのもの15g（水で戻した後100g）／油…中さじ1／八方だし…大さじ1½
■ アラメは水で2～3時間戻しておく。
戻したアラメは一度茹でこぼしてからざるに上げ、水切りしたアラメを油と八方だしで炒める。

4 冬菜（ターツァイ）ナムル
● 冬菜…½把／塩…ひとつまみ／胡麻油…小さじ1／白胡麻…小さじ1
■ 冬菜はさっと茹でて水でよく冷やしたら、かたく絞り水気をきる。
冬菜に胡麻油、塩、白胡麻をよく混ぜる。

5 赤蕪甘酢
■ いなり寿司弁当参照 → p.14

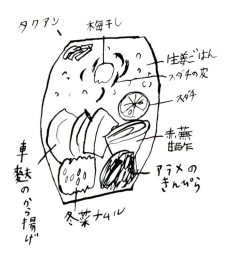

22 オリーブ弁当

オリーブは、梅干しの種の中の身、天神さんに味が似ていると思っています。すっぱくて、しょっぱい味はごはんにもよく合うので、のせてみました。瓶詰め、缶詰、袋詰め、いろいろありますが、好みのオリーブを探すのも楽しみのひとつです。塩味や酸味の強すぎるもの、香りの強すぎるものは茹でこぼしてから塩抜きして使うとよいです。

1 オリーブ
- オリーブ…適量

■オリーブはいろいろな味があるので、香りや味の強すぎるものは茹でこぼして、塩抜きする。

2 オムレツ
- 卵…2個／パプリカ…20g／玉葱…20g／塩…小さじ 2/3 ／胡椒…適量／シュレッドチーズ…15g／オリーブ油…小さじ2／セルフィーユ…適量

■パプリカ、玉葱はみじん切りにしてオリーブ油で炒める。
よく混ぜた卵と炒めた野菜、チーズを加えて塩、胡椒で味を調えてオリーブ油で焼く。セルフィーユを添える。

3 カリフラワーのピクルス
- 水…200cc／酢…大さじ2／ローリエ…2〜3枚／胡椒…ホール10粒くらい／昆布…3gを適当に切る／塩…小さじ1／砂糖…大さじ1／玉葱…小 1/2 個(40g)／カリフラワー… 1/6 個(100g)

■カリフラワーは食べやすい大きさに、玉葱は薄めのクシ切りにする。
水に調味料、昆布、香辛料を加えて沸騰させたら火を止めて、熱いところに野菜を加える。

4 ごぼうのから揚げ
- ごぼう…100g／醬油…中さじ1／ニンニク…少々すりおろし／醬油…中さじ1／胡椒…適量／片栗粉・揚げ油…各適量

■ごぼうは長さ5cm程度、食べやすい太さに縦割り、ひたひたの水に醬油を加えて5〜6分茹でる。歯ごたえが少し残るくらいに茹でたら、ざるに上げ、粗熱が取れたら醬油、ニンニクすりおろし、胡椒で味付け。
片栗粉をはたき、170〜180℃の油で色よく揚げる。

5 白身魚のフライパン焼き
- 白身魚…1切れ(130g)／塩…ひとつまみ／胡椒…適量／薄力粉…適量／オリーブ油…中さじ1

■白身魚の切り身に塩、胡椒、薄力粉をまぶし、オリーブ油で両面を色よく焼く。

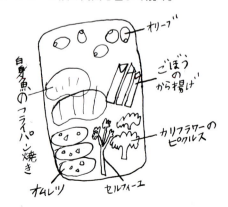

23 焼きおにぎり弁当

焼きおにぎりは焼きたてをすぐに食べるときには、焼き網であちこち焦げかけたくらいが旨いですが、冷えると、よく焼けたところが硬くなってしまいますので、フライパンで仕上げの醬油で焼き色をつけます。

1 焼きおにぎり
● 米…1合／水…180cc／醬油…中さじ1／塩…少々／油…中さじ1／最後に入れる醬油…中さじ1／木の芽…適量
■ 分量の水を加えて炊きあがったごはんに醬油、塩少々を回し入れ、さっくり混ぜ合わせたら好みの大きさのおにぎりを作る。
よく熱したフライパンに油を入れて、おにぎりを焼く。ここでこんがり焼きすぎると、冷えたときにかたくなる。
両面がところどころほんのり焼けてきたらフライパンに醬油を回し入れ、おにぎりに焼き色をつける。木の芽をのせる。

2 野菜のロースト
● ペコロス（ミニ玉葱）…5個／かぼちゃ…1/8玉／人参…1/3本／カリフラワー…1/8玉（各75gずつ合計300g）
オリーブ油…大さじ1／クミン…小さじ1/4／塩…ひとつまみ／胡椒…適量
■ 野菜は全て一口大に切り、油、調味料、香辛料を合わせて、まんべんなくよくもんでおく。
180℃に温めたオーブンで10分、早く焼けるカリフラワーを取り出したら、残りの野菜はさらに5〜8分加熱。
様子を見ながら焦げそうなら温度を調節する。一番火の通りの遅い人参に、串がすっと通れば完成。

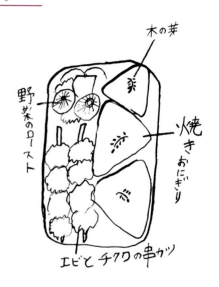

3 エビとチクワの串カツ
● むきエビ…6尾／チクワ…2本／塩・胡椒…各少々／串…2本／小麦粉・卵・パン粉・揚げ油…各適量／ソース…適量
■ パン粉は細かいものがなければ、フードプロセッサーかすり鉢で細かく挽く。
エビは背わたを取り、軽く塩・胡椒する。チクワはエビの大きさに合わせて切る。
それぞれに小麦粉、溶き卵、パン粉の順に付け、串に刺して170〜180℃の油で色よく揚げる。
熱いうちにソースを少しかけておく。

24 南の島弁当

南の島に住んでいるとき近所の人がよくお弁当を持たせてくれました。弁当の上にはいつも「サン」という魔除けの結び茅が乗っていました。
サンがあればマジムン（魔物）がお弁当に入ってこれないので、お弁当がわるくならないといいます。

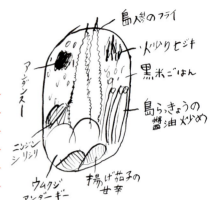

1 島人参のフライ

島人参は黄色く細長い人参。手に入らないときは普通の人参で代用。
- ●島人参…1本（80g）／塩…ひとつまみ／小麦粉・卵・パン粉・揚げ油…各適量
- ■島人参は縦に4〜6等分、塩茹でする。小麦粉、溶き卵、パン粉の順に付け、油で揚げる。

2 島らっきょうの醤油炒め

島らっきょうがないときはワケギなどで代用。
- ●島らっきょう…10本（50g）／油…小さじ1／醤油…小さじ1
- ■中火でらっきょうを炒める。
らっきょうがところどころきつね色になってきたら醤油を加え、全体に回して火から下ろす。

3 ウムクジアンダーギー

ウムは芋、クジは葛、アンダーギーは揚げたもののこと。本来なら葛はキャッサバ粉を使用するが、手に入りにくいので片栗粉で代用。
- ●6個分：紅芋…½個（130g）／片栗粉…大さじ1½／人参…25g 細めの短冊切り／ニラ…20g 小口切り／揚げ油…適量／塩…ひとつまみ／油…小さじ1弱
- ■紅芋を蒸す。中くらいの芋で20〜25分。人参とニラは油と塩でさっと炒める。紅芋、片栗粉、炒めた野菜をよくこねて6等分に丸め、平たく潰して形を整え、油で揚げる。

4 ニンジンシリシリ

- ●人参…小1本（100g）／塩…小さじ½／油…中さじ1／卵…1個／八方だし…小さじ1
- ■人参は細めの千切りにして塩を混ぜておく。卵は八方だしとよく混ぜておく。
人参を中火で丁寧に炒める（丁寧に炒めたら甘みが出てくる）。
よく炒めたら溶き卵を入れ、さっくり混ぜながら卵に火が通ったら完成。

5 アンダンスー

- ●マグロ…50g 1cm角切り／生姜…20g みじん切り／油…大さじ1強／砂糖…大さじ1½／味噌…30g／白胡麻…中さじ1／水…大さじ2
- ■マグロ、生姜を油で炒める。水、砂糖を加え、ひと煮立ちさせたら味噌の半量を加える。煮詰まってきたら残りの味噌と白胡麻を加え、好みの硬さまで煮詰める。

6 炒りヒジキ

- ■鮭弁参照 → p.36

7 黒米ごはん

- ■ここでは黒米が少なめ。米2合に対して黒米大さじ1／黒米弁当参照 → p.50

8 揚げ茄子の甘辛

- ■日の丸弁当参照 → p.16

25　ナポリタン弁当

小学生の頃、スパゲッティといえばナポリタンかミートソースでした。時々ナポリタンが食べたくなります。喫茶店で出てくるようなナポリタン。自分で何度作っても、なんかあの味にならないなあと思っていたら、小料理屋のご主人にウスターソースを入れることを教わりました。トンカツソースではいけません、ウスターソースをご用意ください。

1　ナポリタン

●スパゲッティ乾麺…80g／麺の下味用（ケチャップ…大さじ2／ウスターソース…大さじ1/2／塩・胡椒…各少々／油…中さじ1）／玉葱…小1/2個（40g）／マッシュルーム…3〜4個分（40g）スライス／人参…1/3本（40g）／ピーマン…1個（25g）／スナップエンドウの中の豆…適量／炒め用（油…中さじ1／ケチャップ…大さじ1／ウスターソース…大さじ1/2／塩・胡椒…各適量）

■スパゲッティは茹であげて水気をきり、下味用のケチャップ、ウスターソース、油、塩・胡椒を加えて混ぜておく。

マッシュルーム以外の野菜は全て千切りにする。ピーマンは先にさっと炒めて軽く塩をして取っておく。人参、マッシュルーム、玉葱の順に炒め、麺を加えてさらに炒め、調味料を加えて仕上げる。強火で香ばしく仕上げる。ピーマンは一緒に炒めると色が悪くなるので、弁当に詰めるときに上から加える。茹でたスナップエンドウの中の豆をちらす。

2　蓮根ハンバーグのケチャップソース

●蓮根ハンバーグ…1個（日の丸弁当参照→p.16）／ケチャップ…中さじ2／八方だし…大さじ1弱／砂糖…小さじ1／片栗粉…小さじ1/2／水…50cc

■小鍋に水と調味料、片栗粉を合わせ煮詰めたところに、焼いた蓮根ハンバーグをからませる。

3　マカロニポテトサラダ

●ジャガイモ…1個（100g）3cm角切り／茹で塩…ひとつまみ／ラディッシュ…2本輪切り／赤玉葱…小1/3個千切り／塩もみ用塩…ひとつまみ／マカロニ…10g／マヨネーズ…大さじ2／塩・胡椒…各適量／サニーレタス…1/4枚／シソ・チコリ・チャービル…各1枚

■ジャガイモは塩を入れてやわらかく煮たら湯を捨て、鍋を火にかけたままゆすり粉ふきいもに。熱いうちに木べらでざっくり潰して余分な水分を飛ばし、塩少々を加えてよく混ぜておく。マカロニは別茹でしてざるに上げておく。ラディッシュと赤玉葱は塩もみして10分ほど置き、水気をよく絞る。

マヨネーズを加えて混ぜ、仕上げに塩・胡椒で味を調える。サニーレタス、シソ、チコリ、チャービルを重ねてマカロニポテトサラダと一緒に弁当に詰める。

26 桜おこわ弁当

2月のまだ寒い頃、春の少し手前になると桜はまだ少し先なのですが、桜おこわを作りたくなります。1合くらいなら12〜15分ほどで蒸し上がりますが、3〜4合を一度に蒸すときは途中一度さっくり混ぜて20分ほど蒸します。

1 桜おこわ

● 餅米…1合／桜の花の塩漬け…5g／だし…50cc／桜の葉の塩漬け…適量

■ 餅米は洗ったら、一晩水につけておく。桜の葉の塩漬けは塩抜きしておく。桜の花の塩漬けは洗って塩を落としてから、水50ccにつけて塩抜きして刻んでおく。桜の花を塩抜きした水には桜の香りが移っているので、後で餅米にだしをすわせるときに使う。餅米はざるに上げ、だし50cc、桜の塩抜きした水50ccを合わせて煮立たせたところに加える。水分がなくなるまで加熱。沸騰させた蒸し器にクッキングシートを敷き、餅米を広げて蒸す。12〜15分加熱し、蒸し上がりに刻んだ桜の花の塩漬けをさっくり混ぜる。桜の葉も添える。

2 蓮根はさみ揚げ

● 蓮根…小さいもの1本100g／むきエビ…40g／葱…みじん切り大さじ1／塩…適量／片栗粉・揚げ油…各適量／八方だし…適量

■ 蓮根は真ん中の太いところを厚さ3mmの輪切りに8枚取り、残りはすりおろす。むきエビはすり潰し、すりおろした蓮根、葱、片栗粉小さじ1、塩とよく混ぜる。輪切りにした蓮根ですり身をはさむ。蓮根の穴にもすり身が入るようにぎゅっと押さえる。

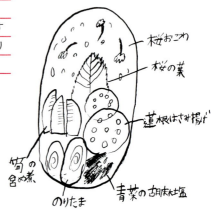

片栗粉をはたいて170〜180℃の油で色よく揚げる。揚げたてに八方だしをほんの少しふりかけておく。

3 のりたま

● 卵…2個／八方だし…小さじ2／焼き海苔…1枚（半分に切る）／油…小さじ1

■ 卵と八方だしをよく混ぜ、よく熱した卵焼き器に油をひいて卵半量を流し入れ、海苔半分を敷く。手前から巻いていき、形が整ったら残りの卵を流し入れ、海苔半分を敷き、また巻きながら形を整えつつ焼く。

4 筍の含め煮

■ 筍弁当参照 → p.24

5 青菜の胡麻塩

■ 筍弁当参照 → p.24／ここでは蕪の葉を使用。

27 ちまき弁当

沖縄にある台湾料理のお店、金壺食堂で売られているちまきは1包みでもう立派なお弁当になります。餅米と一緒に、落花生や干し椎茸、湯葉がごろごろ詰め込まれています。
いろんなちまきがありますが、今回のちまき弁当は中華ちまきです。

1 ちまき

●竹皮…6枚／餅米…2合（洗って5時間〜一晩水につけておく）／胡麻油…小さじ2／松の実…10g／生姜…20g みじん切り／胡椒…適量／ウズラの茹で卵…6個／エビ…6尾／甘栗…6個／椎茸…6切れ／甘だし（水…150cc／八方だし…大さじ3／砂糖…小さじ2）

■ ウズラの茹で卵、エビ、甘栗、椎茸は甘だしで5分ほど炊いて、ざるに上げ、残っただし汁はおこわ用に取っておく。
残っただし汁に水を加えて200ccにしておく。
水をよく含ませた餅米をざるに上げ、よく水気をきる。
熱した中華鍋に胡麻油、餅米、生姜を入れて炒める。
米全体に油がまわったら、具を炊いただし汁、胡椒、松の実を加え、水分がなくなるまで炒める。
粗熱がとれたら、竹皮に餅米を詰める。
真ん中にウズラ卵、エビ、甘栗、椎茸を入れて紐で縛ったら、蒸し器で30分ほど蒸す。

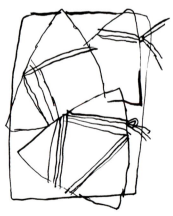

27 ちまきの作り方

ちまきの具にエビや甘栗、ウズラの卵を使いましたが、他にもぎんなんやホタテ、筍や厚揚げ等、季節のものや好きなもの、そのときに気が向いたものを入れたらよいと思います。包むものも、竹皮以外にも熊笹や蓮の葉で蒸すと、また違った香りで仕上がります。

1 餅米を入れる三角錐の底になる部分に隙間ができないように、折り曲げる。

2 折り曲げたところが先になるよう、くるりと丸めて三角錐を作る。

5 餅米を9分目迄入れて軽く押さえる。

6 三角になるように巻く。

3 餅米を詰めやすいように持ちかえる。

4 餅米を半分入れて、具をのせる。

7 残った端は竹皮の間に差し込む。

8 巻き終えたら、ほどけないように紐で縛る。

28 じゃがパン弁当

じゃがパン生地の一時発酵にかかる時間は暖かい季節なら30〜40分、冬でも室内でひなたぼっこをさせていれば1時間くらいで2倍ほどに膨らみます。

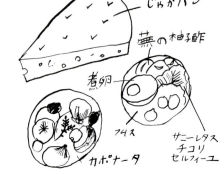

1 じゃがパン

●強力粉…200g／薄力粉…50g／砂糖…10g／塩…4g／ドライイースト…4g／水…140cc／ジャガイモ…中1½個（茹でた状態で120g）／オリーブ油…大さじ1

■ジャガイモは皮を剝いて茹でてマッシュポテトにしておく。オーブンの天板にオリーブ油を塗っておく。強力粉、薄力粉、砂糖、塩、ドライイーストを合わせてよく混ぜたら、水を加えて手早く混ぜる。ジャガイモも加えて10分くらいよくこねる。
生地が均一になるまでまとまったら、オリーブ油を加えて、全体に油がなじむまでよくこねる。まとめてボールに入れ、ラップをして2倍くらいに膨れるまで一時発酵させる。
生地が膨らんだら、空気を抜きながら丸めなおして、油を塗った天板に移し、天板に押し伸ばす。伸ばすときに生地がちぎれないよう手押しか麺棒でなるべく均一に広げる。
表面に薄くオリーブ油を塗り、生地が膨れすぎないようにところどころ指で穴を開ける。15分ほど休ませて二次発酵させる。
焼く直前に表面に霧吹きをし、190℃のオーブンで10分、180℃で10分焼く。
冷めてから好きな大きさに切る。

2 カポナータ

●茄子…1本（75g）／パプリカ…½個（75g）／ズッキーニ…小⅔本（75g）／玉葱…小1個（120g）／ミニトマト…12〜14個（175g）／オリーブ…10粒くらい／オリーブ油…大さじ1／塩…小さじ1／胡椒…少々／タイム…適量

■野菜は一口大に切る。茄子とズッキーニは塩少々で軽くもんでおく。オリーブ油で玉葱とパプリカ、オリーブを炒める。油がまわって玉葱がしんなりしてきたら、茄子とズッキーニを加え、塩・胡椒をし、軽く混ぜ合わせて蓋をして3〜4分煮る。ミニトマトを加えて軽く混ぜ合わせたら蓋をして、また煮る。ミニトマトを加えたら、潰さないようにそっとかき混ぜる。タイムを添える。

3 蕪の柚子酢

●蕪…1個（100g）／柚子の皮…適量を千切り／塩…ひとつまみ／甘酢…適量

■蕪は皮をむき、厚さ3mm程度の半月切り。軽く塩をして柚子の皮と混ぜ、甘酢をひたひたにふりかけておく。

4 フムス

■蕎麦粉ガレットロール参照 → p.78
チコリ、セルフィーユ、サニーレタスなど好みの野菜適量を添える。

5 煮卵

■アジフライ弁当参照 → p.106

29 蕎麦粉ガレットロール

夫は米の炊き方も知らない人でしたが蕎麦粉のガレットは何枚でも焼ける人でした。この蕎麦粉のガレットは夫から教えてもらったレシピです。冷えてもモチモチしておいしいです。
巻きやすいように薄く焼いていますが、分厚くパンケーキみたいに焼いたり、焼きたてをメープルシロップや苺の煮たのと一緒に食べてもおいしいです。蕎麦粉は少し高くても質のよい新鮮なものが香りが良いです。私は近所のお蕎麦屋さんに挽いてもらっています。

1 蕎麦粉ガレットロール

●蕎麦粉のガレット…2枚／サニーレタス…1枚／トレビス・チコリ…各3枚／シソ…3枚／胡瓜…1本を千切り／茹でいんげん…6本／クレソン…3本／フムス…適量／コールスロー…適量

■ガレットを広げ、葉もの野菜、コールスローやフムスのディップやサラダ、いんげんや胡瓜などスティック野菜の順に好みの素材をのせて巻く。
ワックスペーパーか油紙に包んで両端をねじって、真ん中で真っ二つに切っておくと食べやすい。

《蕎麦粉ガレット》

●20cmのガレット2枚分：蕎麦粉…70g／水…140g／オリーブ油…大さじ1

■ボウルに蕎麦粉と水を入れ、よく混ぜる。フライパンをよく温めてからオリーブ油半分を回し入れ、生地の半分を入れたらフライパンを回して生地を広げて、中火で両面を約1分ずつ焼く。

《フムス》

●ヒヨコ豆を茹でたもの…100g／塩…小さじ1/2／オリーブ油…大さじ1／レモン果汁…小さじ2／玉葱…大さじ1すりおろし／クミン…少々／胡椒…少々

■ヒヨコ豆はやわらかく茹でておき、水気はしっかりきっておく。
豆をすり潰し、玉葱、レモン果汁、オリーブ油、塩、胡椒、クミンを加えて仕上げる。

《コールスロー》

●キャベツ…2～3枚（40g）／人参…1/3本（40g）／赤玉葱…1/4個（20g）／塩…小さじ1/2／砂糖…小さじ1/2／粒マスタード…小さじ1／オリーブ油…小さじ1／レモン果汁…小さじ1/2／胡椒…適量

■野菜は千切りにして、調味料全てを加えてよく混ぜ合わせておく。
ガレットに巻く前に軽く絞って余分な水気をきる。

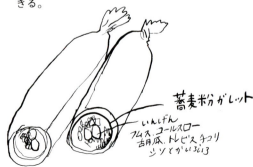

蕎麦粉ガレット
いんげん
フムス、コールスロー
胡瓜、トレビス、チコリ
シソとかいろいろ

30 厚揚げ弁当

もとは豆腐のから揚げだったレシピを、硬い豆腐が手に入らないときに厚揚げで代用するようになりました。
厚揚げをさらに唐揚にするなんて、と思うかもしれませんが、おいしいので一度作ってみてください。

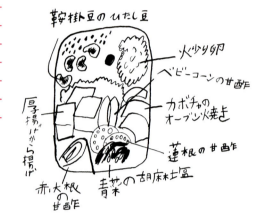

1 厚揚げから揚げ

● 厚揚げ…125g／醤油…中さじ1弱／ニンニク・生姜…各小さじ½すりおろし／胡椒…適量／片栗粉・揚げ油…各適量
■ 厚揚げは3〜4cm角に切り、余分な水気を拭き取ったら、ニンニク、生姜、醤油、胡椒で下味をつける。
片栗粉をまぶし、170〜180℃の油で色よく揚げる。

2 炒り卵

● 卵…1個／八方だし…小さじ1／油…少々
■ 卵と八方だしをよく混ぜ合わせたら、よく熱したフライパンに、油をひき、卵を加えたらパラパラになるまでかき混ぜながら卵を炒る。

3 鞍掛豆の浸し豆

● 鞍掛豆…100g／水…200cc／八方だし…大さじ2／塩…小さじ½
■ 鞍掛豆はたっぷりの水に一晩浸しておく。水で戻した鞍掛豆は水から煮て、沸騰してきたらアクを取り、弱火で15分。火を止めてそのまま冷やす。
冷えた豆は、ざるに上げる。水と八方だしと塩を合わせて沸騰させたところに鞍掛豆を加えて火を止め浸しておく。

4 かぼちゃのオーブン焼き

● かぼちゃ…3切れ／塩…ひとつまみ／油…小さじ1／胡椒…適量
■ かぼちゃは7mm程度の厚さに切り、油、塩・胡椒をまんべんなくもみ込んでおく。
180℃に熱したオーブンで15分ほど焼く。

5 赤蕪甘酢

■ いなり寿司弁当参照 → p.14

6 ベビーコーン／蓮根の甘酢

● ベビーコーン…3本／蓮根…輪切り3〜4切れ／塩…ひとつまみ／甘酢…大さじ2
■ ベビーコーンと蓮根の輪切りは水に酢（分量外）を少々加えて茹で、冷水にとる。
冷水にとるのは蓮根の色変わりを防ぐため。
ざるに上げ、水気を拭き取り、塩ひとつまみ、甘酢を振りかけ、なじませる。

7 青菜の胡麻塩

■ いなり寿司弁当参照 → p.14
ここでは冬菜（ターツァイ）を使用。

31 じゃこ飯弁当

東京と高知を行ったり来たりして暮らしているのですが、高知には火曜、木曜、金曜、土曜、日曜と露天市が並びます。そこで新鮮なおじゃこを少しずつ買うのも高知で暮らす楽しみのひとつです。市の中でも、おじゃこを買う店は決まっていて、中田遊亀さんのお店と決めています。

1 じゃこ飯
- 米…1合／水…180cc／じゃこ山椒…大さじ2（鮭弁参照→p.36）
- 分量の水を加えて炊きあがったごはんにじゃこ山椒を軽く混ぜ込む。

2 揚げ茄子の甘辛
- 茄子…1本／甘辛ダレ（八方だし…大さじ1／砂糖…小さじ1½←茄子の量に合わせて増やす）／揚げ油…適量
- 茄子は一口大に切り、皮のほうに浅い切り込みを入れて、180℃くらいの油で揚げる。揚げたてに甘辛ダレをからめる。

3 いんげんの胡麻塩
- いんげん…5～6本／塩…ひとつまみ／白胡麻…小さじ1
- いんげんを茹でて水でよく冷やしたら水分を拭き取り、白胡麻と塩をよくもみ込む。

4 卵焼き
- 卵…2個／八方だし…小さじ2／油…少々
- 卵は八方だしとよく混ぜて、フライパンをよく熱してから、油をひき、卵を流し入れ、焼き始めたら弱火にする。
焼き上がったら余熱で中まで火をちゃんと通す。粗熱がとれるまで、表面が乾かないように濡れ布巾をかけておく。

5 秋刀魚のみりん干し
- 秋刀魚のみりん干し（市販品）…½尾
- こげやすいので注意して焼く。

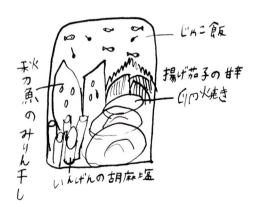

32 黄色い弁当

たまには黄色い弁当もいいかと思って。とうもろこしを炒めるときは気をつけて。油断したらポップコーン並みにあちこちに飛び散り始めます。さっと炒めてパッと蓋をしてください。

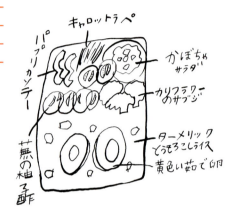

1 ターメリックとうもろこしライス
●米…2合／水…360cc／バター…5g／ターメリック…小さじ⅓／水煮とうもろこし…200g／オリーブ油…小さじ1／玉葱…小1個（100g）みじん切り／塩…ひとつまみ

■玉葱、水煮とうもろこしはオリーブ油、塩でさっと炒める。
米はターメリック、バターを分量の水に加えて炊く。炊きあがりに炒めた玉葱ととうもろこしを加えて、さっくり混ぜ合わせる。

2 黄色い茹で卵
●卵…4個／白だし…大さじ4／ターメリック…少々

■卵は茹でて皮をむいておく。
茹で卵がひたひたになるくらいの白だしにターメリックを少々加えて、ひと煮立ちさせ、卵を加える。
少量を作るときは、保存袋に入れて空気を抜くと、白だしも少量ですむ。

3 カリフラワーのサブジ
●カリフラワー…¼株（150g）／油…大さじ1／塩…ひとつまみ／ニンニク…小さじ1すりおろし／ガラムマサラ…小さじ½／白だし…大さじ1

■カリフラワーは一口大に切り分け、塩、白だしをふりかけて少し置いておく。
ニンニクを油で炒め、よい香りがしてきたらカリフラワー、ガラムマサラを加え、水分がなくなるまで炒める。

4 パプリカソテー
●パプリカ…½／白だし…大さじ½／塩…ひとつまみ／油…小さじ1

■パプリカは短冊切りにして、油で炒めて塩、白だしで仕上げる。

5 キャロットラペ
■ベーグルサンド参照 → p.54
ここでは黄人参を使用。

6 蕪の柚子酢
■じゃがパン弁当参照 → p.76

7 かぼちゃサラダ
■ベーグルサンド参照 → p.54

33 めはり寿司

めはり寿司は熊野地方や吉野地方の郷土料理。酢飯ではなく白米を高菜に包んだおにぎりです。
高菜の浅漬けを使います。高菜は広げると大人が顔パックできるくらい大きなものが、八百屋さんの軒先でたまに売られています。

1 めはり寿司

●4〜6個分：米…2合／水…360cc／高菜の浅漬け…3〜4枚／鮭そぼろ…適量
■大きな高菜になると、1枚でおにぎり2個は包める。
高菜は茎の部分を切り離し、みじん切りにしてよく絞っておく。
大きな高菜は広げて半分に切る。小さな高菜はそのまま。破れた高菜は他の高菜と張り合わせて使う。
分量の水を加えて炊きあがったごはんの中心に高菜のみじん切りを詰め、まん丸いおにぎりを作る。
高菜の葉を広げておにぎりを置き、上に鮭そぼろを置いて包む。

《鮭そぼろ》

●生鮭…2切れ（皮と骨を除いて100g）／だし…70cc／みりん…大さじ1／塩…小さじ½
■みりんとだしを煮立たせたら鮭、塩の半量を加えて加熱。鮭に火が通ったら、ほぐしながら煮詰めていく。
残りの塩は、味加減をみながら加える。水分が飛んだら鍋のまま冷ます。

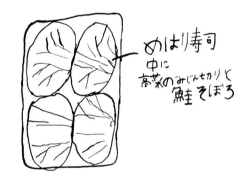

めはり寿司
中に高菜のみじん切りと鮭そぼろ

34 舞茸ごはん弁当

舞茸は香りが良いので炊き込みごはんにするのが好きです。舞茸の水分が出ないように強火で手早く炒めるのがコツです。あまり長く加熱すると香りも食感も失われます。しめじや椎茸など、他の茸でも同じように作れますが、舞茸が一番おいしいです。

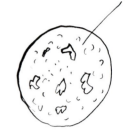
舞茸ごはん

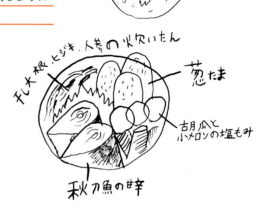
干し大根、ヒジキ、人参の炊いたん
葱たま
胡瓜と小メロンの塩もみ
秋刀魚の甘辛

1 舞茸ごはん

●米…1合／水…165cc／八方だし…大さじ1／舞茸…½パック／油…小さじ1／醤油…小さじ1／胡椒…適量／スダチ…適量

■舞茸は強火で炒め、火が通ったら、醤油で仕上げる。水分が出てきたら煮飛ばす。
米は洗って30分ほど水につけておいた後、八方だしを加えて炊く。
炊きあがったごはんに舞茸、胡椒を加えてさっくりと混ぜ合わせる。
仕上げにスダチの皮を適量すりおろす。

2 干し大根、ヒジキ、人参の炊いたん

●干し大根…25g（水で戻した後100g）／人参…½本（60g）千切り／ヒジキ…5g（水で戻した後60g）／油…大さじ1／水…200cc／八方だし…大さじ2／塩…小さじ½

■水で戻した干し大根とヒジキは、一緒に一度茹でこぼしてざるに取る。
干し大根とヒジキを油で炒め、水、八方だし、塩を加えてひと煮立ちさせる。人参を加えて汁気がなくなるまで煮詰める。

3 秋刀魚の甘辛

●秋刀魚…2尾／水…150cc／砂糖…大さじ1½／八方だし…大さじ2／醤油…中さじ1／生姜…大さじ2みじん切り

■秋刀魚は頭と尾を切り落とし、4～5等分に輪切りにし、内臓を除いて洗い流したら、ざるに上げておく。水、砂糖、八方だし、醤油、生姜を煮立たせたところに秋刀魚を加え、沸騰してきたら落とし蓋をして弱火で20分煮る。魚の裏表を返してさらに蓋をして10分ほど煮る。煮詰まってきたら蓋を開けて火を止める。あまり煮詰めると焦げるので、煮詰まり始めたら目を離さない。

4 葱たま

●卵…2個／万能葱…2～3本（40g）／八方だし…小さじ2／油…小さじ1

■卵と八方だし、葱の小口切りをよく混ぜ合わせ、卵焼き器で焼く。

5 胡瓜と小メロンの塩もみ

■山菜おこわ弁当参照 → p.98

35 三色巻き弁当

いい年になった友人の誕生日に何を食べたいかとたずねたら、小さい声で「三色巻き」との返答。小学生の頃、たまに三色巻きを買ってもらうのが嬉しかったからいまでも食べたくなるのだと言います。私にもあります。初めて食べた駅弁に入っていたエビフライのこととか。思い出してあれ食べたいって思います。

1 三色巻き
- 焼き海苔…1½枚／酢飯…1膳山盛りくらい（田舎寿司参照 → p.44）
大根…1cm×15cm程度の縦長に切ったもの2本くらい／赤酢…適量／タクアン…千切り適量／胡瓜…縦切り¼本
- 大根は赤酢に漬けて一晩置いておく。
海苔は半分に切り、酢飯を広げて三色それぞれの具を入れて巻く。

2 エビフライ
- エビ…3尾／塩・胡椒…各適量／小麦粉・卵・パン粉・揚げ油…各適量
- エビは殻をむき、尻尾の先は切り取り、背わたを取って塩・胡椒で下味をつける。
小麦粉、溶き卵、パン粉の順に付け、170〜180℃の油で色よく揚げる。

3 チクキュー
- チクワに胡瓜を差し込んで、好みの大きさに切る。

4 マカロニポテトサラダ
- ジャガイモ…1個（100g）3cm角切り／人参…¼本（30g）いちょう切り／塩…ひとつまみ／胡瓜…1本を輪切り／玉葱…小⅓個を千切り／塩もみ用塩…ひとつまみ／マカロニ…10g／マヨネーズ…大さじ2／塩・胡椒…各適量
- ジャガイモと人参は塩ひとつまみを入れてやわらかく煮たら湯を捨て、鍋を火にかけたままゆすり、粉ふきいもに。
熱いうちに木べらでざっくり潰して余分な水分を飛ばし、塩少々を加えてよく混ぜておく。
マカロニは別茹でしてざるに上げておく。
胡瓜と玉葱は塩もみして10分ほど置き、水気をよく絞る。
マヨネーズを加えて混ぜ、仕上げに塩・胡椒で味を調える。

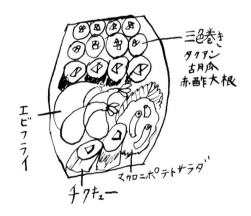

三色巻き
タクアン
胡瓜
赤酢大根

エビフライ

マカロニポテトサラダ

チクキュー

36　蓮の実弁当

蓮の実を初めて食べたのは、ベトナム土産の砂糖菓子でした。
あまりにおいしかったので以来、蓮の実が大好きです。
生の実は盛夏の頃、蓮根農家が多い地域の農産物直売所でたまに売られています。

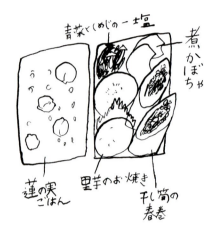

1　蓮の実ごはん
- 米…1合／蓮の実…15粒ほど／だし…1合／塩…小さじ1/2
- 蓮の実は2～3時間水に浸しておいたものを茹でこぼして、水にさらしておく。
芯に芽があるものは苦いので、取り除いておく。
米と下ごしらえした蓮の実をだしで炊く。仕上げに塩を加えて軽く混ぜ合わせる。

2　里芋のお焼き
- 里芋…2～3個／玉葱…小1/3個みじん切り／塩・胡椒…各適量／片栗粉…／クリームチーズ…30g／オリーブ油…中さじ1
- 里芋は茹でるか蒸して熱いうちに皮をむき、潰して塩・胡椒、クリームチーズ、玉葱、片栗粉を合わせてよく混ぜる。
食べやすい大きさに平たく丸めて、よく熱したフライパンでオリーブ油で両面を色よく焼く。
手に水をつけて丸めると、くっつかずにまとめやすい。

3　干し筍の春巻
- 干し筍…20g／胡麻油…中さじ1／八方だし…大さじ1 1/2／春巻の皮…小さいタイプ2枚／揚げ油…適量
- 干し筍は水から沸騰させた後火を止め、そのまま3～5時間は放置する。
戻した筍を胡麻油で炒め、八方だしを加えて水分がなくなるまで香ばしく炒める。
春巻の皮に包んで170～180℃の油で色よく揚げる。

4　青菜としめじの一塩
- 青菜…1/3把／塩…ひとつまみ／しめじ…1/2パック
- 青菜は茹でて水で冷やし、かたく絞り、食べやすい長さに切り揃える。
しめじはフライパンで空炒り。火が通ったら冷ます。
青菜としめじを合わせて塩で味を調える。

5　煮かぼちゃ
- かぼちゃ…1/8個（150g）／水…100cc／砂糖…中さじ1／八方だし…大さじ1／塩…ひとつまみ
- 水と調味料を合わせて一口大に切ったかぼちゃを入れ、落とし蓋（なければ、クッキングシートかアルミホイルで代用）をして、弱火でコトコト7～8分煮る。少量なので焦がさないように注意。

37 串カツ弁当

串に刺さっただけで特別おいしくなった気がするのが不思議です。食べるときはバラバラに食べるのに。カシューナッツのドレッシングはサラダドレッシングにも使えるし、カシューナッツを多めに入れると、蒸し野菜のディップになります。

1 串カツ

- ホタテ…4個／水…大さじ3／八方だし…中さじ1／オクラ…2本／玉葱…¼個くし切り／串…4本／小麦粉・卵・パン粉・揚げ油…各適量／ソース…適量
- ホタテは水と八方だしを合わせてひと煮立ちさせる。

ホタテ、オクラ、玉葱を串に刺したら、小麦粉、溶き卵、パン粉の順に付け、170〜180℃の油で色よく揚げる。仕上げにソースを好みでかける。

2 キャベ胡麻

- キャベツ…100g／黒胡麻…小さじ1／胡麻油…小さじ1／塩…ひとつまみ
- キャベツは太めの千切りにしてサッと茹で水に取り、水気をよく絞る。

黒胡麻、胡麻油、塩をよく混ぜ込む。

3 安納芋のサラダ

- 安納芋…中½本（100g）／カシューナッツドレッシング…大さじ2／塩…ひとつまみ／胡椒…適量
- 安納芋は丸ごと蒸す。熱いうちに皮をむく。2〜3cmの角切りにして塩・胡椒してそのまま冷ます。

冷めたら、カシューナッツドレッシングを加えてさっくり混ぜ合わせる。

《カシューナッツドレッシング》

- 玉葱…½個（50g）／酢…大さじ3／油…大さじ3／醤油…大さじ3／カシューナッツ…山盛り大さじ2
- 材料を全部ミキサーに入れて、つぶつぶがなくなるまでよく撹拌する。

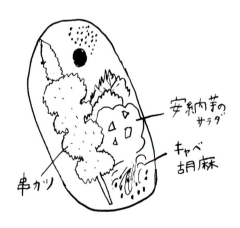

安納芋のサラダ
キャベ胡麻
串カツ

38　お花見ちらし

春の神様は桜の木に一番にやってきて、神様が乗ったその木には花が咲く。そうしたら春がやってきて田んぼの苗が無事に育つのだ、と子どもの頃に聞かされて、今でもそんな気がしています。

1　お花見ちらし

● 米…1合／水…165cc／昆布…2〜3g／すし酢…大さじ2／生姜…小さじ1みじん切り／白胡麻…小さじ1／桜の葉塩漬け…4〜5枚／蓮根…細いもの1本／菊花…1パック
有頭エビ…6尾／エビを煮るだし（だし150cc／みりん大さじ1／塩小さじ½）／茗荷の赤酢漬け…1個／人参細いもの…⅕本／赤酢…適量／酢…大さじ2

■ 桜の葉は塩抜きして水分を拭き取る。
エビは新鮮なものを、殻ごとだしで煮て冷まし、胴の殻と背わたをを取り除く。
頭の先のとんがったところは少し切り落としておく。刺さると痛いから。
蓮根は皮をむき、薄くスライスして水にさらす。菊花はガクからはずす。人参は薄くスライス。
蓮根、菊花はそれぞれ酢大さじ1を入れた湯200ccが沸騰したら、さっと茹で冷水に取る。
水気をきった蓮根、菊花、人参スライスそれぞれに赤酢を振りかけてなじませておく。
茗荷の赤酢漬け（黒米弁当参照 → p.50）はクシ切りに。
すし酢に生姜のみじん切りを加えておく。
米は洗ったら昆布を入れて20分ほど水に浸して炊飯。炊きあがりにすし酢と白胡麻を回し入れ、混ぜる。
粗熱がとれたら、飾り用の蓮根、菊花を別に取っておき、残りをさっくり混ぜ合わせる。酢飯のうえに他の具材を彩りよく盛りつける。

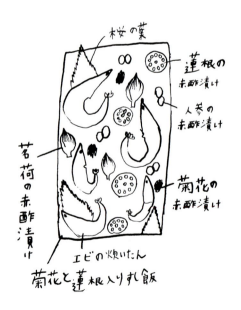

39 山菜おこわ弁当

子どもの頃、春の遊山と言えば山菜採りでした。家族みんなで蕨（わらび）や薇（ぜんまい）虎杖（いたどり）を採りに出かけます。蕨は日当りの良い野山ならどこでも生えているので、子どもの私にはつまらないものでした。比べて、斜面にたまに生えている薇は開いた新芽の透き通るような色も美しく宝物のようでした。

1 山菜おこわのおにぎり

●餅米…1合／蕨水煮…40g／好みの茸…20g／昆布だし…100cc／塩…ひとつまみ
■餅米は5時間～一晩水につけておく。蕨、茸は3～4cmに切っておく。
餅米はざるに上げて水気をきり、昆布だし、蕨、茸、塩を加えて加熱する。
汁気がなくなったら蒸し器で12～15分蒸す。粗熱がとれたら、温かいうちに好みの大きさのおにぎりを作る。冷めると形よくにぎりにくい。あまり強くにぎると、冷えたときに餅みたいになるので注意。

2 里芋コロッケ

●里芋…中2個（100g）／玉葱…小½個（40g）みじん切り／塩…ひとつまみ／胡椒…少々／油…小さじ1／小麦粉・卵・パン粉・揚げ油…各適量
■里芋は皮つきのまま洗い、茹でるか蒸すかして火が通ったら熱いうちに皮をむき潰す。玉葱を炒めて里芋に混ぜ、塩・胡椒で味を調え、好きな大きさに丸める。
里芋コロッケは粘り気が強いので、手を濡らしてから丸めるとくっつかずに形を作りやすい。小麦粉、溶き卵、パン粉の順に付け、170～180℃の油で色よく揚げる。

3 胡瓜と小メロンの塩もみ

●胡瓜…½本／小メロン…1個／塩…ひとつまみ
■胡瓜は切り込みを入れて適当な大きさに切り、小メロンは輪切りにして塩でもんでおく。弁当に入れる前によく絞り、水気をきる。

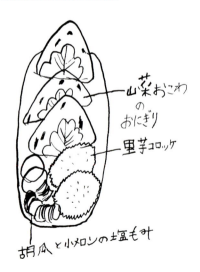

40 ジミベン

ごはんが好きなので、ごはんがおいしく食べられる塩気のものが乗っているだけで満足です。白ごはんの上にほたれ鰯を焼いたもの、カリカリ梅、山椒の塩茹で、韓国味噌、唐辛子の醤油漬け。唐辛子は生のものが手に入ったら、新鮮なうちに輪切りにして醤油に漬け込んでしまいます。

1 ほたれ鰯の焼いたもの
- ほたれ鰯…1尾
- ほどよく焼く。

2 韓国味噌
- 生姜…小さじ1みじん切り／ニンニク…小さじ1みじん切り／パプリカ粉末…小さじ½／ミニトマト…4〜5個みじん切り／胡麻油…大さじ1／味噌…大さじ1／砂糖…大さじ1／水…大さじ1／松の実…大さじ1／唐辛子…少々みじん切り
- 生姜、ニンニク、パプリカ粉末、唐辛子、胡麻油を小鍋に合わせて弱火で加熱。ふつふつと沸騰してきたらミニトマト、水、砂糖を加えて煮詰める。水が少なくなってきたら味噌と松の実を加え、好みのかたさになるまで煮詰める。

3 海苔の佃煮
- バラ海苔（岩海苔をそのまま乾燥させたもの）…5g／水…大さじ3／八方だし…大さじ1／砂糖…大さじ½
- 小鍋にバラ海苔、水、砂糖、八方だしを全て合わせて弱火で煮詰める。

4 唐辛子の醤油漬け
- 生の唐辛子は輪切りにして、醤油につけておく。

辛いものが好きなら、そのままでも旨い。調理の隠し味や、タレの辛味付けにも重宝する。冷蔵庫なら2〜3週間保存可能。

5 その他
山椒の塩茹で、カリカリ梅、味つけ海苔など。

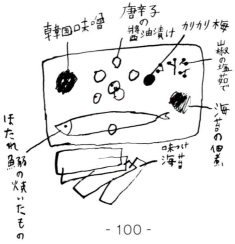

41 ベトナムサンド

ベトナムサンドは地域やお店によって、メインになる具が鴨やレバーや魚のパテだったり焼豚だったり蒸し鶏だったりしますが、ニョクマムで仕上げたなますと香菜（コリアンダー）は欠かせません。

1 ベトナムサンド

● フランスパン…1本／レタス・サニーレタス…各2～3枚／トマトスライス…6枚／バター…適量／大根と人参のなます／鯖の甘辛焼き／胡椒・ミント・香菜…各適量
■ フランスパンは半分に切り、具をはさめるように横から切り込みを入れておく。
フランスパンの切り込みにバターを塗り、レタス・サニーレタス、鯖の甘辛焼き、大根と人参のなます、トマト、香菜、好みで、ミント、胡椒少々をはさみ、ワックスペーパーや油紙などで包んで輪ゴムで止める。

《大根と人参のなます》

● 人参…小 $\frac{1}{2}$ 本（50g）千切り／大根…$\frac{1}{10}$ 本（100g）千切り／塩…少々／香菜の根…少々みじん切り／ニョクマム…大さじ1／甘酢…大さじ2
■ 人参と大根は合わせて塩を混ぜてしんなりしたら絞って、香菜の根みじん切り、甘酢とニョクマムを合わせて混ぜておく。
パンにはさむ前に水気をよく絞る。

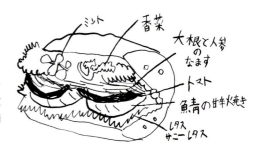

《鯖の甘辛焼き》

● 鯖…半身（200～250g）／ニョクマム…大さじ2／砂糖…大さじ1／ライム絞り汁…小さじ1
■ 鯖は骨を取り除き、6切れ程度にスライス。ニョクマム、砂糖、ライム絞り汁で下味をつけて小1時間ほど置いてから、魚焼き器で焼く。
焦げやすいので様子を見ながら中火～弱火で。フライパンで焼いてもよい。

42 ヒジキごはん弁当

炊きたてのごはんにヒジキを混ぜただけですが、おいしいです。ヒジキは、乾燥、生、茎ヒジキ、根ヒジキ、いろいろ種類がありますが、ここでは乾燥の芽ヒジキを使用しています。

1 ヒジキごはん
■炊きたてのごはんに炒りヒジキ（鮭弁参照→p.36）を適量混ぜ込む。
1膳に大さじ1程度、1合のごはんなら大さじ2。

2 はんぺんフライ
●はんぺん…1/2枚／シソ…1枚／スライスチーズ…1枚／小麦粉・卵・パン粉・揚げ油…各適量
■はんぺんは半分の三角に切り、切り込みを入れて間にチーズとシソをはさむ。
小麦粉、溶き卵、パン粉の順に付け、170～180℃の油で色よく揚げる。

3 オクラの白だし
●オクラ…2～3本／白だし…大さじ1
■オクラはヘタの部分を取り除き、角を少し面取りして、さっと茹でて冷水に取る。
白だしをふりかけてもんでおく。
弁当に入れるときは、水分をよく拭き取る。

4 ゲソと浅葱の一塩
●イカのゲソ…1/3パイ分／浅葱…40g／塩…ひとつまみ
■イカのゲソは熱湯で茹で、ざるで冷まし、食べやすい大きさに切り分けておく。
浅葱は熱湯でさっと茹で、水でよく冷やし、水気をしっかりきる。
ゲソと浅葱を合わせ、塩をよくもみ込んでおく。

5 小茄子の炊いたん
●小茄子…5～6本（150g）普通のなすなら2本分程度／水…150cc／八方だし…大さじ2／砂糖…中さじ1強／唐辛子…適量
■小茄子は縦半分に切り、皮に浅く切り込みを入れる。
小鍋に水、八方だし、砂糖、唐辛子を煮立たせ、茄子を加えて落とし蓋をして7～8分煮る。
火を止めて3時間ほど寝かせる。
蓋を取って、好みの味まで煮詰める。

43 アジフライ弁当

何フライ弁当にするかと考えたときにアジフライ弁当だなと思ってアジを買いに行きました。
もう少し小振りのアジが良かったのですが、その日は3軒お店をまわっても、大きなアジばかり。なので3枚におろした半分のアジをお弁当に詰めました。

1 アジフライ
●アジ…½尾／塩…ひとつまみ／胡椒…適量／小麦粉・卵・パン粉・揚げ油…各適量／ソース適量
■アジは3枚におろして骨を取り除く。
塩・胡椒をしたら、小麦粉、溶き卵、パン粉の順に付け、170〜180℃の油で色よく揚げる。仕上げに好みでソースをかける。

2 蒸し芋
●さつまいも…1本／塩…ひとつまみ
■さつまいもは洗って、沸騰した蒸し器で20分ほど蒸す。
竹串がスーッと通れば蒸し上がり。
冷めてから輪切りにして一塩する。
残った芋は、サラダにしてもよい。

3 煮卵
●卵…6個／水…200cc／砂糖…大さじ2／八方だし…大さじ4／醤油…大さじ2／唐辛子…少々／ニンニク…少々すりおろし
■卵は水から茹でる。沸騰したら火を止めて8〜10分冷やして殻をむく。
水と調味料、ニンニク・唐辛子を合わせて沸騰したところに茹で卵を入れ、一晩漬けておく。

4 胡瓜の浅漬け
●胡瓜…1本／塩…ひとつまみ／白だし…適量
■胡瓜は軽く切り込みを入れて、一口大に切り、塩でもむ。
軽く重しをして、ひたひたの白だしに一晩ほど漬けておく。
レタス、シソ、茹でたアスパラガスを適量添える。

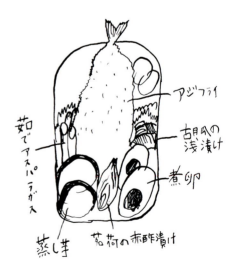

44 手鞠寿司

人が集まるお祝いの席に手料理を持ち寄るときや、差し入れするときに作ります。材料が特別な物ではなくても、少し手間をかけるだけでごちそうになります。人参は、外側が紅色で芯がオレンジ色の紫人参を使いました。

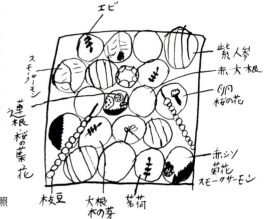

1 手鞠寿司

●酢飯…2合4膳分くらい（田舎寿司参照→p.44）
■酢飯は同じ大きさに丸めておく。1合で10個の手鞠寿司が目安。
ラップを広げ、好みの具を彩りよく並べて酢飯を置き、包んでぎゅっと絞って丸い形に整える。

《具のいろいろ》
■薄焼き卵…卵1個と八方だし小さじ1とをよく混ぜ薄焼きしておく。
■エビ…3尾／だし…50cc／みりん…小さじ1／塩…ひとつまみ
だしと調味料を合わせて、さっと煮ておく。
■スモークサーモン20g程度
■紫人参、茗荷、赤大根を少量ずつスライスして甘酢漬け。
■蓮根と菊花を少量ずつさっと茹でて、甘酢漬け。
■大根2〜3枚をごく薄くスライスして、甘酢少々に漬けておく。
■胡瓜1/2本を縦長にスライスして塩もみ。
■桜の花塩漬け3個を水洗いした後、30分ほど水で塩抜きしておく。
■赤シソ塩漬け1枚を水洗いして、水気をきっておく。
■桜の葉塩漬け1枚を塩抜きしておく。
■木の芽4〜5枚。
■茹でた枝豆25粒をサヤから取り出し、軽く塩をして串に刺す。

45 朴葉寿司

朴葉寿司は田植えの頃から初夏頃によく作られるそうです。
その頃の朴の葉は一番美しい緑をしています。
梅雨の季節になると白い大きな花を咲かせます。
山の中で一番好きな木です。

1 朴葉寿司

●10包み分／朴葉…10枚（生葉をさっと茹でたもの）
米…2合／水…330cc／昆布…4g／すし酢…大さじ4／生姜…小さじ2みじん切り／白胡麻…小さじ2／白いタクアン…小さじ2みじん切り
■すし酢に生姜と白胡麻を加えておく。
米は洗ったら昆布を入れて20分ほど水に浸して炊飯。炊きあがりにすし酢と白いタクアンを回し入れ、混ぜておく。
酢飯を10等分に分け、椎茸甘煮、鮭そぼろ、赤蕪甘酢、錦糸卵をのせて俵形ににぎる。
朴葉で包む。

《椎茸甘煮》

●椎茸…4個／水…100cc／八方だし…大さじ1／砂糖…小さじ1
■椎茸は千切りにして水と八方だし、砂糖を合わせたもので2〜3分煮る。
熱いうちにざるにあけて、余分な水気をきっておく。

《錦糸卵》

■高菜ごはん弁当参照 → p.34

《鮭そぼろ》

■めはり寿司参照 → p.86

《赤蕪甘酢》

■赤蕪甘酢（いなり寿司参照 → p.14）5〜6枚を千切りにしておく。

朴葉寿司
中に椎茸甘煮
金糸卵
鮭そぼろ
赤蕪甘酢

46 太巻き

あれこれ巻いているうちに細い海苔巻きが入ったり、どんどん具が増えて海苔が1枚では足りなくなりました。だから海苔1枚にもう半分つなぎ合わせて巻いています。つなぐときは、お水をちょっと糊代わりにすれば海苔と海苔はくっつきます。

1 太巻き

- 3本分：酢飯…2合（田舎寿司参照→p.44）／焼き海苔…5枚と半分
- ■太巻きの海苔は1枚ともう半分を水でつなぎ合わせて、酢飯を手前からなるべく薄く広げる。
ノリしろを3cmほど残しておく。
全ての材料を手前のほうに積み重ねて巻く。
最後にノリしろを少し水で湿らせて、くっつける。

《太巻きの具材》

- ●赤大根の細巻き（海苔…1枚／酢飯…1膳分／大根の赤酢漬け…3本）
- ■大根は縦長に切って、赤酢に一晩漬けておく。
海苔を1/3枚に切り、酢飯を広げ、赤大根の細巻きを3本巻く。
- ●かんぴょう（かんぴょう…10g。水で戻してたっぷりの水で好みのかたさまで茹でおき、きつねと一緒に煮る）
- ●きつね（油揚げ長方形のもの…1枚／水…100cc／八方だし…大さじ1弱／砂糖…小さじ1弱）
- ■油揚げは2枚に開いて熱湯で湯通しした後、下ごしらえしたかんぴょうと、水、調味料を合わせて3～4分煮る。
- ■人参（1/3本。縦長6本に切って茹でこぼし、塩ひとつまみと甘酢を振りかけておく）
- ■茹でエビ（6尾。殻を取り除き、半分に切る）
- ■卵焼き（卵…1個／八方だし…小さじ2。卵焼き器で焼いたら、縦長6等分に切っておく）
- ■胡瓜　1本を千切り
- ■お新香　1/5本を千切り
- ■シソ　6枚を縦半分切り

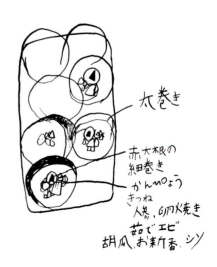

太巻き
赤大根の細巻き
かんぴょう
きつね
人参、卵焼き
茹でエビ
胡瓜、お新香、シソ

47 魚飯弁当

「さかなめし」ではなく「うおめし」です。ある日、友人が言い始めてからそうなっただけなんですけど。

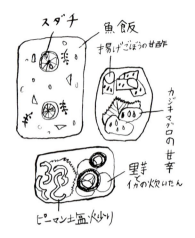

1 魚飯

- ●米…2合／太刀魚…1切れ（130g）／水…150cc／八方だし…大さじ3／塩…小さじ½／木の芽…適量／スダチ輪切り…適量
- ■米は洗ったら30分ほど水に浸しておく。水150ccと八方だしを煮立たせ、太刀魚に火を通す。太刀魚はざるに取り、残った煮汁に水を加えて（炊飯器のメモリまで）、米を炊く。太刀魚の粗熱がとれたら皿に取り出し、身をほぐし、丁寧に骨を取り除く。
米が炊けたら、ほぐした太刀魚の身と塩を加え、さっくり混ぜ合わせる。仕上げに木の芽とスダチの輪切りを添える。

2 ピーマン塩炒り

- ●ピーマン…5個（100g）ヘタと種を除いたら千切り／塩…1g／油…6g
- ■フライパンを熱したらピーマンを油と塩でさっと炒める。お皿かバットで手早く冷ましておく。

3 里芋とイカの炊いたん

- ●里芋…3個（150g）／イカ…½杯（100g）／水…150cc／八方だし…大さじ2½／砂糖…中さじ1
- ■里芋は皮をむき、一口大に切る。イカはワタを抜き、胴を輪切り。水と八方だし、砂糖を合わせて里芋を入れてから加熱。沸騰してきたらイカを入れて、落とし蓋をして弱火で5分煮る。里芋に火が通ったら火を止め、20分ほど寝かす。蓋を取り、煮汁を捨て、加熱して余分な水分を飛ばす。

4 カジキマグロの甘辛

- ●カジキマグロ…100g／生姜…5gすりおろし／ニンニク…少々すりおろし／醤油…小さじ2／片栗粉・揚げ油…各適量
甘辛ダレ（八方だし…大さじ1⅓／砂糖…中さじ1／水…小さじ1）／白胡麻…小さじ1
- ■一口大に切ったカジキマグロに醤油、生姜ニンニクすりおろしで下味をつけ、片栗粉を適量まぶし、170〜180℃の油で色よく揚げる。甘辛ダレを鍋で煮詰めて、揚げたカジキマグロを加え、白胡麻とからめる。

5 揚げごぼうの甘酢

- ●ごぼう…100g／醤油…中さじ1／ニンニク…少々すりおろし／醤油…中さじ1／胡椒・片栗粉・揚げ油…各適量
甘酢ダレ（水…大さじ1／甘酢・八方だし…各大さじ1／砂糖…小さじ½／胡麻油…適量）／黒胡麻…小さじ1
- ■ごぼうは乱切りにして、ひたひたの水に醤油を加えて5〜6分茹でる。歯ごたえが少し残るくらいに茹であげたらざるに上げ、粗熱がとれたら醤油、ニンニクすりおろし、胡椒で味付け。片栗粉をはたき、170〜180℃の油で色よく揚げる。甘酢ダレを小鍋で煮詰めたところに、揚げごぼうを加え、黒胡麻とからめる。

48 しおむすび弁当

しおむすびもししゃもも、どれもわざわざレシピにするような難しいものではありませんが、しおむすびと、ししゃもと、カイワレ大根と、べったら漬けと、おかかの卵焼きの組み合わせが大事なのです。私の大切な思い出の弁当です。

1 しおむすび
●米…1合／水…180cc／塩…小さじ1/2
■分量の水を加えて炊きあがったごはんに軽く塩を混ぜ込み、ふんわりとにぎる。

2 おかかたまご
●卵…2個／鰹節…5g／醤油…小さじ1／オリーブ油…小さじ1
■卵、鰹節、醤油をよく混ぜて、よく熱した卵焼き器に、オリーブ油をひいて、卵を焼く。

3 ししゃも
■4〜5尾焼く。

4 べったら漬け
■4〜5枚切る。

5 カイワレ大根
■1束を添える。

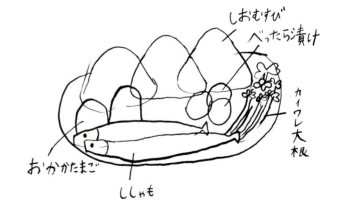

49 中西家の味弁当

これらの弁当のおかずは、夕食のおかずとしてもよくリクエストされます。他には秋刀魚の蒲焼き、イカの煮物とかピーマン塩炒りとか。夫の学生時代というと昭和35〜40年の頃。「ウインナーは赤くてごちそうだった。ヒラメなんか今よりずっと安くて、よくフライになって入ってた。ノリタマふりかけもよくのってた」と言うのでノリタマを一応買ってみたのですが、作る日になって「ノリタマふりかけは嫌いだった」と言うのでふりかけませんでした。

1 イカリングフライ

●煮イカ…2〜3切れ輪切り／水…50cc／八方だし…中さじ1／小麦粉・卵・パン粉・揚げ油…各適量

■イカは水と八方だしでさっと煮ておく。粗熱が取れたらザルに上げ、水気をきり、小麦粉、溶き卵、パン粉の順に付け、170〜180℃の油で色よく揚げる。

2 マグロの竜田揚げ

●マグロ…100g／生姜…5gすりおろし／ニンニク…少々すりおろし／醬油…小さじ2／片栗粉・揚げ油…各適量

■一口大に切ったマグロに醬油、生姜、ニンニクすりおろしで下味をつけ、片栗粉を適量まぶし、170〜180℃の油で色よく揚げる。

3 しらたききんぴら

●しらたき…300g／砂糖…小さじ1／八方だし…大さじ2／胡麻油…小さじ2／唐辛子…適量

■しらたきは一度茹でこぼしたらざるに取り、ざっくり切る。熱した中華鍋に胡麻油、しらたきを入れ、4分ほど炒めて水分を飛ばす。砂糖、八方だしを加えてさらに4分ほど炒める。仕上げに好みで唐辛子を加える。

4 ちょい甘卵焼き

●卵…2個／砂糖…小さじ1／八方だし…小さじ2／油…少々

■卵は調味料とよく混ぜ、よく熱したフライパンに油をひいて、卵を焼く。

5 魚肉ソーセージ

■魚肉ソーセージ1本の斜め切りは、フライパンで色よく焼く。

6 焼き明太

●明太子…1本

■魚焼き網で焼き、冷めてからざっくりほぐす。

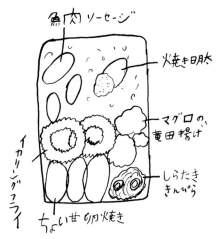

50 私の弁当

自分の弁当ってなると、とたんに気が抜けた感じになってすみません。茶色いし。
でも大丈夫、大好きなチクワときつねが入っているのでおいしいです。
自分の弁当ってそんなもんだと思います。

1 チクワの醤油炒め
- チクワ…1本輪切り／油…小さじ½／醤油…小さじ½
- チクワは油と醤油でさっと炒める。

2 干し大根のはりはり漬け
- 平たい干し大根…30g（水で戻した後140g）／八方だし…大さじ2／酢…小さじ1／唐辛子…少々
- 水で戻した干し大根は一口大に切り、かたく絞る。
八方だしと酢、好みで唐辛子を加えてもんでおく。

3 蓮根塩炒り
- 蓮根…小さいもの1本（100g）を薄くスライス／油…小さじ1／塩…ひとつまみ
- よく熱したフライパンで蓮根を油で炒める。仕上げに塩少々。

4 きつねの炊いたん
- 油揚げ…肉厚のもの1枚／水…100cc／八方だし…大さじ1弱／砂糖…小さじ1弱
- 油揚げは好みの大きさに切って熱湯で湯通しした後、水と調味料を合わせて蓋をして4〜5分煮含める。

5 その他
- シソ昆布、タクアン、カリカリ梅、ゆかり

弁当箱いろいろ

弁当箱

何年か前、仕事仲間で弁当を持ち寄り花見をしました。
一人暮らしの台所に、お重や大きな弁当箱はありませんから、
私もみんなもそれぞれ弁当箱の代わりの容器に入れて集まりました。
大きなお菓子の缶の人、琺瑯(ほうろう)の洗面器の人、
私は紙箱だったと思います。
夫はウインナーを焼いてアルミホイルでピッタリ包んで
宇宙人みたいな弁当でした。
弁当箱は、まあ、なんでもいいんだな、と、この日思いました。

自分用の弁当箱はアルミのものが好きです。
骨董市や古道具屋に立ち寄ってはアルミの弁当箱を探します。
値段は1500円までと決めています。
アルミの頼りない感じが好きです。
冷蔵庫の中の保存食や使いかけ素材の仕分けにも利用します。
見た目に好ましいからですが、実は中に何を入れたのかよく忘れるので、
全部の蓋を開けて確認するという不便さもあります。

お土産や、差し上げる弁当用には
柳のわっぱや簡素な木の弁当箱を利用しています。
あまり頑丈ではありませんが、食べ終えた後も
小物入れくらいにはなります。
わっぱは輸入製品の小さいもので100円から、
大きなものでも200円くらいで手に入ります。
木の弁当箱は300円から、
大きいお重になると700円くらい。
仕事でたくさん使うときに
木工職人さんにお願いしています。

包むものいろいろ

食べるものを包む

大きなサンドイッチやパンのお弁当には
ワックスペーパーや油紙があれば、とても重宝します。
ワックスペーパーで包んでから好きな包装紙や布で包んでおくと、
乾燥や液ダレの心配がありません。
マチのない平たい紙袋も好きです。
よい紙を集めておいて、暇なときに平たい袋を作っておくのも好きです。

熊笹や朴葉、柏の葉は業務用食材の専門店等で
10枚単位で真空パックになっているものが常温保存できて便利です。
私は長野の葉っぱ専門のお仕事をされている方に送っていただいています。
真っ赤なリボンやピンクの包装紙も大好きですが、
野原や山からやってきたような素材もうれしい気分になります。

竹皮弁当やちまきを結ぶのにイグサが適していますが、
場所をとって、いつの間にか折れてしまったりします。
使う前に茹で戻さないといけないのも少し面倒なので、
ラフィアを利用しています。
ラフィアはアフリカに生えるラフィア椰子の葉っぱを
細く裂いたもので、工芸品や織物になるほど強く柔軟で、
小さいものを結ぶのにも向いています。
生花資材や包装資材として販売されています。

あとは輪ゴムで留めるのも大好きです。

玄米と塩の話 と おわりに

玄米と塩の話

玄米を買うときに無農薬ということも大切なのですが、その他には大粒のものより小粒のものを選んでいます。特に理由はなく、ただ、小粒の玄米が好きなだけです。
それから玄米で食べるようの玄米と、
精米して白米で食べるようの玄米があります。
玄米で食べるように脱穀されたものにはモミが少ないです。

塩は、調理に合わせて何種類か使い分けています。
天日塩は料理の仕上げの塩やサラダ、焼き魚に使います。
茹でたり、塩もみしたり、下ごしらえ用の塩は大きな袋の天然塩を使っています。
粒の大きい粗塩は、洋風の煮込み料理に使います。
精製塩はあまり使ったことがありません。

おわりに

「旅するレストラン　トラネコボンボン」といって店を持たずに料理の仕事をしています。どうしてトラネコボンボンという名前なのですか、とよく聞かれます。あまり意味はありません。最初はイベントのたびに店の名前をかえていました。ヤニスク、ボンボンストアー、カフェ・ド・トラニェコ。
あるときの名前がトラネコボンボンでした。茶色い砂袋みたいなトラネコが料理長です。こんな名前だったら他の人はつけないだろうし、覚えやすいだろうと思ったのですが、長くて覚えづらいみたいで「野良猫ボンボン」とか「黒猫ボンボン」とか「どら猫ボンボン」とかいろいろ呼ばれます。
車に乗って鍋釜を積んであちこちに出かけていくので、長旅のときはお弁当を作ります。お弁当といっても夫が運転しながら食べられたり、車中で箸を使わずに食べられるおにぎりやサンドイッチ、長期不在になる前の家にある残り物なので、たいしておいしいものではありません。そんなものでも作ってくれと言われるので作ります。たぶん、どんなものでも良いのだと思います。その人のために作れば。

中西なちお

料理人。1973年高知生まれ。2007年よりトラネコボンボン主宰。blog「記憶のモンプチ」では毎日一枚、動物の絵を更新中。2011.3.11、避難先から友人に何か送ろうかたずねたところ「毎日一枚動物の絵を送って」と言われてから毎日描いている。なお「記憶のモンプチ」は茶色いトラネコが住んでいる世界の話である。その他、役に立たない新聞「動物新聞」編集長。
http://toranekobonbon.com/

デザイン　わたなべひろこ
写真　　　齋藤圭吾
PD　　　千布宗治・冨永志津（凸版印刷）

旅するレストラン トラネコボンボンのお弁当

2015年5月7日　第1版第1刷発行

著　者　中西なちお
発行者　清水卓智
発行所　株式会社 PHPエディターズ・グループ
　　　　〒102-0082　千代田区一番町16
　　　　☎ 03-3237-0651
　　　　http://www.peg.co.jp/

発売元　株式会社 PHP研究所
　　　　東京本部　〒102-8331　千代田区一番町21
　　　　普及一部　☎ 03-3239-6233
　　　　京都本部　〒601-8411　京都市南区西九条北ノ内町11
　　　　PHP INTERFACE　http://www.php.co.jp/

印刷所
製本所　凸版印刷株式会社

©Nachio Nakanishi 2015 Printed in Japan

落丁・乱丁本の場合は弊社制作管理部（☎ 03-3239-6226）へご連絡ください。
送料弊社負担にてお取り替えいたします。
ISBN 978-4-569-82447-5